エントランス・窓辺・フェンス・アーチ・ベランダ・壁面 etc.

バラと暮らす幸せ

茨城県ひたちなか市／
Garden+園芸店 サマースノー
さんの庭。バラは'ヴィオレット'

マゼンタ色の八重咲き小輪のバラは'マニントン モーヴ ランブラー'、淡いピンクのカップ咲きのバラは'玉鬘'。下の段で白い半八重平咲きの花を房に咲かせているバラは'ペレニアル ブラッシュ'。3品種のバラの開花のタイミングをぴたりと合わせたみごとなガーランド。植栽デザインは河合伸志さん。群馬県吾妻郡中之条町の中之条ガーデンズ「ローズガーデン」で撮影。

バラと暮らす幸せ

編／八月社　安藤 明

バラの庭づくりに成功を収めるいちばんの近道は、優れたバラの庭の事例に数多く触れることでしょう。通りがかった人たちが思わず足を止めて、うっとりと見入ってしまうバラのフェンス。くぐるたびに心ときめくバラのアーチ。甘い香りがページから立ち上って、こちらまで届きそうなバラの光景の数々。繰り返し見ても見飽きることのない、バラの庭のたくさんの事例を本書は集めました。お気に入りのインテリアの本と同じように、ページをめくって眺めるだけでも、楽しんでいただけることと思います。またバラの品種選びや実際にバラを仕立てるときに参考になる知識やコツも、ぎゅっと盛り込みました。本書があなたのお庭づくりのお役に立てますように。

さて、本書に掲載させていただいている美しいバラの庭を、取材でお訪ねした際に感じたことは、多くの庭主さんたちにとって、庭づくりは「趣味」という言葉だけでは言い尽くせない、何かもっともっと切実な、私たちが日々を「生きること」の核となるものと密接であることでした。

美しい、と自分が感じる光景を、植物に託す庭づくり。それは人と植物が協働してつくりだす「日常のアート」です。「こんなふうに咲かせたい」という庭のつくり手の思いと、植物自身の都合、そこに身近な自然がもたらすサプライズも加わって、庭は庭のつくり手たちに大きな喜びを贈ってくれます。その喜びは、時として、生きることの原動力となるほど深いものであることを私たちは知っています。

華やかな5月のバラの光景は、真冬の剪定と誘引作業の成果です。庭のつくり手たちは、凍える指先でバラの枝を麻紐で丁寧に結びながら、バラが美しく開花する5月の光景を思い描きます。家族や友人たち、ご近所のみなさまや通りがかる人たちの歓声やうれしい表情が浮かぶと、寒い冬の日でも、胸の中はポカポカと温かいのです。

「子供時代を過ごした家に咲くバラの花々が、やさしい思い出として子供たちの記憶に残り、子供たちの未来を明るく照らしてくれるといいなと思います」……若い親たちのそんな祈りに近い思いは、いま、この地球で生きることと切り離せない自然災害や戦争の不安を反映させているのかもしれません。

本書のタイトル、『バラと暮らす幸せ』は、庭のつくり手たちの、そうしたさまざまな思いや願いを背景にしています。「そうそう!」と共感していただける何かを、本書がお届けできれば幸いです。

その場に立って庭を見ているように

写真／福岡将之

20年前の2003年、10年間暮らした北海道から、無謀にも写真家を夢見て、あてもなく上京しました。ある日、池袋の書店でガーデン誌の『マイガーデン』を見つけました。植物と自然の風景を撮ってきた僕は、「この本なら撮れる」と直感的に思いました。すぐに、北海道の厚岸町、霧の朝のあやめが原で撮ったポジフィルムの写真を持って、編集部を訪ね、『マイガーデン』編集長の安藤さんと出会いました。それからは、安藤さんが手がける記事や数多くの書籍の写真は、ほぼすべて撮影してきました。

2014年、『ガーデンダイアリー』がスタートし、2022年3月刊行のVol.17まで、強力なガーデンエディターの明田川奈穂美さんといっしょに、さまざまな魅力的な庭を訪ねて、日本中を奔走してきました。

庭は、その時の植物、気象や光の状態で刻々と変わります。なので事前に撮影計画を立てての撮影はほとんどできません。毎回、成り行きまかせ、出たとこ勝負です。取材時には、庭の中を歩き回りながら、その時に素敵だと思う場所を、植物と光の表情を見ながら、感覚を頼りに黙々と撮り進めます。庭の撮影で、ずっと心がけてきたことがあります。それは、写真を見る人が、その場に立って庭を見ているかのように撮るということ。できるだけ手前から奥までくっきりと、そこに育つ植物がひとつひとつ、細かく見えるように気を使います。

本書に掲載されている写真では、主役のバラだけではなく、「あっ、ここにこんな植物が植わっている」といった発見もあると思います。お手元に置いて、繰り返しお楽しみいただけたら嬉しいです。

福岡将之（ふくおか まさゆき）／写真家。長崎市生まれ。九州大学工学部を卒業後、北海道大学院地球環境科学研究科で、北海道の植物分類・地理学を学ぶ。北海道の環境調査の会社で、植生調査業務に10年間従事。2003年から写真家として「ガーデンダイアリー」、「マイガーデン」「大成功のバラ栽培」などの書籍、雑誌、建築の撮影。著書に「portrait」「紫竹おばあちゃんの幸福の庭」「はじめての小さな庭の花図鑑」「ジョムソン街道 ネパール・ヒマラヤの谷の道」他。

もくじ

壁面にバラの景色を描く … 135

バラの解説の見方

1 ローズマリー ヴィオー

2 RoseMarie Viaud

3 ハイブリッド ムルティフローラ／**4** つる性・**5** 開帳型／**6** 伸長6m ／**7** 一季咲き／**8** 花径3.5cm・**9** 八重咲きの花を房に咲かせる／**10** 微香／**11** トゲは少なめ

12 'ファイルフェンブラウ'の枝変わり。広い空間にのびのびと枝を伸ばし、小輪八重咲きの花を枝いっぱいに咲かせてみごとなシーンをつくる。細かいトゲがあるが、枝はやわらかく誘引しやすい。

1 バラの名前（種名・品種名または
よく知られている名称）
2 **1** の欧文表記
3 系統
4 株姿（木立性・半つる性・つる性）
5 樹形（直立・横張・開帳型など。
とくに特徴的なものについて記載）
6 生長のサイズ
7 開花のサイクル
8 花の大きさ
9 花形と咲き方
10 香り
11 トゲについて
12 そのバラの魅力や特徴

＊バラは育てる環境やその年の気候、個体差などによって育ち方が変わります。おおよその目安としてご参考ください。

＊本書はガーデンダイアリー Vol.1〜Vol.17に掲載させていただいたお庭を、玄関まわり、窓辺、フェンス、パーゴラ、アーチなどの構造物別にまとめて再構成し、さらに新たな内容を加えたものです。取材期間は2013年〜2022年にわたり、また「庭は変化し続ける」ものであるため、本書でご紹介するお庭が、そのお庭の「現在」とは異なる場合があることをご了承ください。

生きることをバラで飾ろう

「庭づくり」は趣味を超えて、私たちが日々を幸せに生きるために不可欠な原動力だと感じられることがあります。本書のスタートは、そんな5つのお庭から。

ピンクのバラは'ラ レーヌ ビクトリア'。その下の紫の花はカンパニュラ'アルペン ブルー'。
（長野県長野市／熊井智恵子さんの庭）

美しさに歓声のあがる
初夏のバラのエントランス

初夏の光の中で、ラベンダーピンクのポンポン咲きの花が降り注ぐように咲くエントランス。このカーポートの前に立つと、誰もが思わず「わあー!」と声をあげます。それはきっと、このシーンが「どこかで見たことのある」ものではなく、「いま、ここではじめて見る」オリジナルな光景だからなのでしょう。見る人たちが、その美しさにびっくりして、思わずあげる感嘆の声です。庭のつくり手が、何を美しいと感じ、それをどう表現しているのか? そのことが伝わってくる庭は、人を感動させる大きな力をもっています。長野県長野市の熊井智恵子さんの庭は、まさにそんな庭のひとつです。

自分の庭でしか見れない景色をつくる

庭の植栽は、「自分の庭でしか見れない景色をつくる」ことを考えながらやっています。でもお花が好き過ぎて、あれもこれもと植えてしまって、後で後悔しています。バラを使って景色をつくるときは、背景になる構造物として、パーゴラや板塀、フェンス、アーチ等を主人につくってもらいます。この5年間で大きく変わったこと、それは主人の両親からリンゴ園を引き継いだことです。リンゴの栽培はとてもたいへんです。でもそれをプラスに変えて、リンゴ畑と一体化したガーデンをつくるのが私の夢になりました。
（熊井智恵子さんの庭づくり）

マニントン モーヴ ランブラー
Mannington Mauve Rambler
ランブラー／つる性・伸長3~5m ／一季咲き／花径3cm・八重咲きの花を房に咲かせる／微香／鋭いトゲがある

枝はしなやかで誘引しやすい。咲きはじめの濃いラベンダーピンクの花色が、咲き進むにつれて白く褪色し、同色系の花をまとめた花束のようなグラデーションをつくる。

カーポートの軒にあふれ咲くバラは'マニントン モーヴ ランブラー'。右手前の柱の足元に咲くピンクのバラは'キャスリン モーリー'、右奥の黒紅のバラは'カーディナル ドゥ リシュリュー'。正面奥に見える紫の花はカンパニュラ'アルペンブルー'、その上に咲くコロコロとしたピンクのバラは'ラ レーヌ ビクトリア'。左奥の淡いピンクのバラは'つる 春霞'。

前ページのカーポートの右端から続くシーン。奥へと誘う園路をはさんで、白い花の'つる アイスバーグ'を絡めた焦茶色の木製フェンスが続く。薄桃色の極小輪の花は'夢乙女'。咲き進んで白く褪色した花が混じり咲く様子も、かわいらしい。

'つるジュリア'がアトリエに
アンティークな雰囲気を添える

アトリエの軒下に大きく枝を伸ばし、シックな茶系の中大輪の花をたくさん咲かせているのは'つる ジュリア'。ハイブリッド ティーローズ(HT)の'ジュリア'から枝変わりで誕生したこのバラの一輪一輪の存在感は、HTのバラの底力を再認識させてくれます。庭主の亀井尚美さんが、時間をかけて好きなものを集めたアトリエの雰囲気との相乗効果で、印象的なシーンがつくりだされています。

つる ジュリア

Julia, Cl.

つるハイブリッド ティー／つる性・伸長3m
／返り咲き／花径10cm・半剣弁高芯咲きの
花を数輪の房に咲かせる／中香／トゲは普通

茶色を帯びたシックな花色とエレガントな花
形がアンティークな雰囲気を漂わせる。咲き
進むと平咲きに。HTの'ジュリア'の枝変わ
り。ステムは短め。

1 亀井尚美さん。「主人が仕事に、息子が学校に出かけたあと、コーヒーを片手に私だけの時間を過ごします」。**2** 尚美さんの趣味はアンティーク収集、刺繍、旅行など。北欧旅行で集めたお気に入りの食器を京都のアンティークショップで見つけたコンソールに飾って。アトリエの内装は、ご主人の孝行さんが担当。

たまたま近くを通りかかった取材チームが、'ピエール ドゥ ロンサール'と'アンジェラ'に包まれたお家に心引かれて、「突撃取材」をさせていただいたお庭です。華やかなエントランスから一歩入ると、雰囲気はガラリと変わって、シックな茶色のバラ、'つるジュリア'が軒を飾るアトリエのある庭でした。突然お訪ねしたのに、お庭もアトリエもそのまま撮影させていただける美しさ。そしてお庭のつくり手、尚美さんご自身もまた、お庭の雰囲気にぴったり！
「いま、高校生になった息子が言っています。『バラの香りのするこの家が好きだ。いつの日か自分の家族をもった時には、庭で花をたくさん育てるのが夢』と」。16年の歳月をかけてご主人とつくってこられたお庭が、ご家族にとって、とても大切なものであることを聞かせていただきました。

3年目にやっと咲いたバラです

「朝、開きかけた蕾のエレガントな花形、夕暮れ時にゴールドに光る花。『ここにはこのバラね』と決めたのに、数年で枯れてしまって。でも、他のバラに替えることができずに、木立の'ジュリア'と'つるジュリア'を植えてリベンジ。ところが日陰の庭のせいか木立の'ジュリア'は枯れて、残った'つるジュリア'もヒョロヒョロのままで花が咲きません。3年目、今年咲かなかったらあきらめようと思ったその春に一気に咲いて（笑）。やっとここまで大きくなりました」　（亀井尚美さんの庭づくり）

テラスの軒にあふれ咲く
ように誘引した 'アルベ
リック バルビエ' のひと
枝を、サンキャッチャー
をおもりにして目の高さ
まで下げている。一輪の
花、光に透ける葉の一枚
一枚が美しい。

アルベリック バルビエ

Albéric Barbier

ハイブリッド ウィクラナ／つる性・横張・
伸長5m／一季咲き／花径7cm・ロゼット咲
き／微香／トゲは普通

しなやかな枝は誘引しやすい。テリハノイバ
ラから旺盛な伸長力を受け継ぎ、匍匐するよ
うに枝を伸ばす。光沢のある濃緑色の葉も美
しく、花後は葉を楽しめる。

マンションの専有庭に実現！
バラに包まれた暮らし

20年のバラの栽培歴を踏まえて、黒坂祐子さんがたどり着いたのは、「バラを育てることがストレスにならず、自分自身がいつも穏やかでいられて、バラのある暮らしを存分に楽しめる関係」をバラとの間に保つことでした。そのために重要なのは、まず薬剤散布のいらない「強いバラ」を選ぶこと。そして剪定や誘引作業に手間をかけずにすむように、バラの自然樹形を生かして仕立てること。施肥も年に1回、4月の芽出し肥料のみ。マンション1階の専有庭では、祐子さんが選んだバラ、'アルベリック バルビエ'と'ポールズ ヒマラヤン ムスク'が降るようにたくさんの花を咲かせています。「夢のように」美しいこの光景は、けっして夢ではないのです。

1 サンキャッチャーは敷石や室内の床に虹色の光を落とす。2 室内から見える光景。3 都心のマンション1階の専有庭をローズガーデンに。4 'アルベリック バルビエ'をガーランドのように仕立てて。5 冬の誘引完了後。ドレープ状に咲かせるため、枝を等間隔に誘引。誘引はご主人が担当。6 枝を等間隔に保つためにS字フック（ベルツモアジャパン）を活用。壁面にはビスを打たず、瞬間接着剤で固定するフックを使用。

ポールズ ヒマラヤン ムスク
Paul's Himalayan Musk

ランブラー／つる性・開帳・伸長5m／
一季咲き／花径3cm・ポンポン咲きの
花を房に咲かせる／中香／鋭いトゲ

樹勢が極めて強く、枝をぐんぐん伸ば
すため、もてあますことも。桜を思わ
せる淡いピンクの花をあふれるように
咲かせて、みごとな景色をつくる。

「ほんとうに手間のかからない
ローメンテナンスの庭です」

バラの季節にこの庭を見た方が最初に言われるのが『手入れがたいへんでしょ!』ということです。消毒がたいへん、誘引がたいへん、と思われるのですね。でも実際には、ほんとうに手間のかからない、ローメンテナンスなバラの庭です。ローメンテナンスな庭であるために大切なことは、バラの選び方、そして植える場所と仕立て方です。わが家のメインローズは3本の'ポールズ ヒマラヤン ムスク'で、これは生長の早い強健種です。まったく消毒しなくても、毎年、たくさんの花を咲かせてくれます。もちろん黒点病にもなりますが、私の実感としては消毒していても黒点病は出るんです。ニームや漢方の薬剤も使ってみましたが、完全に防げるわけではありません。一季咲きのポールズは黒点病で葉を落としても翌春にはまた元気に芽吹くので、花の咲く時期に葉っぱもきれいであれば、それでいいと思うんです。
（黒坂祐子さんの庭づくり）

1 5月の庭。ベンチに座ると、左ページの写真のように、モチノキの枝に添って枝垂れ咲くポールズの花々に包まれる。2 2月の庭。「ポールズ ヒマラヤン ムスク'の樹形を生かして、右手前のモチノキに誘引し、できるだけ高い位置から枝垂れさせています。黒点病の菌は土の中に存在し、雨などの水滴の跳ね返しで罹患するので、葉や花が地面から離れているほど病気に罹りません。また、ポールズは、伸びすぎて困るバラの代表のように言われていますが、早く大きくなるバラなので、少ない本数で、あまり年月をかけずに庭全体をおおえます。欠点と思われている性質は見方を変えればこのバラの長所でもあるのです」

鉢植えのバラが咲きそろう
小さな庭は宝石箱

お気に入りのバラがあふれるように咲いて、マンション1階の専有庭は、まさに「宝石箱」を開けたような美しさです。「いやいや、僕の庭は宝石箱じゃなくて、おもちゃ箱です」と笑う有島 薫さん。バラをはじめ、ほとんどの植物を鉢植えにしているところがこちらの庭の大きな特色です。南向きの庭には光が燦々と降り注ぎ、花々はいっせいに太陽のほうを向いて咲きます。室内からずっと眺めていたいバラは、きれいに咲いたところで、鉢をぐるりと回転させてこっちを向かせることができるのも、鉢植えのよさです。一年中、花のある庭を楽しめるように、有島さんは庭を回り舞台のように考え、季節によって模様替えをしていくことにしました。その季節の出番が終わった鉢は養生棚において、また翌年の出番を待つという方式です。「庭のない暮らし？ 考えられません。僕の日々のモチベーションは、すべて庭から生まれていますからね」

四季咲き性の強いバラを選んで

「朝、カーテンを開けたとき、庭に花が咲いていると、ああ、いいなと思うんです。花が途切れないようにしたいから、僕がいまバラに求めるのは、いつも咲いていてくれること。四季咲き性が強く、花数も多く、花もちのいいバラ。鉢植えのバラは、きれいに咲いたところを見計らって、リビングからよく見える位置に運びます」
（有島 薫さんの庭づくり）

庭のすぐ向こうを野川が流れ、ヒナを連れた鴨のファミリーをはじめ、さまざまな野鳥のバードウオッチングを楽しめる。春には川沿いに咲く桜の花でお花見を。ローズアドバイザーとして、たくさんのロザリアンたちの信頼を集める有島 薫さんが、広い戸建て住宅から、新たな引っ越し先として選んだのは、マンション一階の専有庭のある住居。マンションの安心と暮らしやすさに加えて、リビングルームに面した90平方メートルほどの広さの南向きの「庭」があるという、またとない好条件がそろった理想的な住まい。

クレパスキュール
Crépuscule

ノワゼット／半つる性・開帳・伸長2m／繰り返し咲き／花径7cm・半八重咲きの花を数輪の房に咲かせる／微香／トゲは少なめ

枝はしなやかで誘引しやすい。花弁がそり返る独特の花形。季節や環境によって花色が大きく変化する。花名はフランス語で「黄昏」。

1「庭の植物がほとんど鉢植えなので、植え替えなどの作業場所がどうしても必要です。リビングから見えない庭の左奥に作業台を置いています。黄色いバラ、'クレパスキュール'は、前に住んでいた家で20年くらい育てたものを持って来て植えたところ、2年目でこんなに花を咲かせてくれました」**2**「毎朝、家内とふたり、リビングルームに並んで座り、庭を眺めながら朝食をとります」

アイスバーグ

Iceberg

フロリバンダ／木立性・伸長1.3m／四季咲き／花径7cm・平咲きの花を房に咲かせる／微香／トゲは少なめ

咲いた枝を剪定すると、そこから伸びた枝先に蕾をつけ、多くの花を初冬まで咲かせる。白花なので周囲の他の植物とも合わせやすい。

ウィリアム モリス

William Morris

シュラブ／半つる性・伸長2m／四季咲き／花径8cm・ロゼット咲きの花を数輪の房に咲かせる／強香／トゲはない

うつむきかげんに咲くので、アーチなどに添わせて高めの位置から咲かせるとされい。トゲが少なく、しなやかな枝で扱いやすい。

リビングから正面に見えるアーチに沿わせた白いバラは'アイスバーグ'、アプリコット色のバラは'ウィリアム モリス'。一年を通して、どのシーズンにもリビングから花のある庭を楽しめるように、季節ごとに模様替えをする。

ツクシイバラで町を飾ろう

毎年、5月下旬頃になると、球磨川沿いの河原に広がるツクシイバラの群生地一帯がピンク色に染まります。さらに球磨川流域の町や村では、カフェやレストラン、ギャラリー、酒蔵、お菓子屋、温泉、道の駅、居酒屋さんの店先にも、ツクシイバラが可憐な花を咲かせます。そうそう、花屋さんにもツクシイバラのポット苗が並びます。2004年に熊本県の絶滅危惧種とされていたツクシイバラは、自生地の保全に立ち上がった人々によって守られ、愛され、人吉球磨の人々の暮らしの中に、もうすっかり溶け込んでいるようです。

個人邸にも、カフェにも、ガードレールにも、ツクシイバラが枝垂れ咲く。ツクシイバラはノイバラと同じようにまず上方に枝を伸ばし、それが翌年アーチのように横に寝る。そこから新しく伸びた枝先がすべて大きな円錐花序（＊）になり、たくさんの花を咲かせる。ふわっと広がる自然樹形を生かして仕立てると、とてもきれい。

　（＊）円錐花序／小花が集まって円錐形をつくる花の咲き方。

1 球磨郡立実科女学校（後の熊本県立人吉高等学校）教諭の前原勘次郎さんによって、1917年にツクシイバラの最初の標本が採集されたとされる球磨川の上流、免田川。正面に見える山は白髪岳。2・3 球磨川の広い河川敷を舞台に、気ままに枝を伸ばすツクシイバラ。数年に1度、球磨川の水かさが増すたびに、このあたり一帯まで水でおおわれ、水が引いた後に、また河原の植生がよみがえる。

「ツクシイバラの群生地の美しさは、人間にはつくれない神様の作品よね」と画家の流郷由紀子さん。ツクシイバラを描いた美しい作品が保全活動にも大きく貢献。

(＊) 御巫由紀さん／千葉県立中央博物館 資料管理研究科長。農学博士。NPOバラ文化研究所理事。世界バラ会連合ヘリテージローズ保存委員会元委員長。日本のバラ研究の第一人者として幅広く活躍中。

秋のツクシイバラの群生地を散策する流郷さん（左）と、「森と花と人のネットワーク」代表の小川 香さん。2006年頃から、ツクシイバラの自生地の保全に貢献してきたおふたり。球磨川のツクシイバラの自生地の情報は、育種家の鈴木省三さんから御巫由紀さん（＊）に伝わり、御巫さんが「オールドローズとつるバラのクラブ」で紹介、クラブのメンバーの流郷さんの「ツクシイバラを自生地で描きたい」という思いがきっかけとなって、保全活動がスタートした。

日本中、世界中のみなさま、
ぜひツクシイバラを見にきてください。

いま、私たちの役割は、ツクシイバラを
たくさんの方々に、見ていただけるように
お手伝いすることだと思っています。私
自身、流郷先生から教えていただいてい
なかったら、ここに暮らしていても、ツク
シイバラの存在に気づかずにいたことで
しょう。保全活動も、たくさんの方々から
ご支援やご指導をいただいて、ようやく、
いま、5月中旬頃から6月にかけての2週
間、10数キロに渡ってツクシイバラが咲く
球磨川沿いの群生地が復活しました。日
本中、世界中のみなさまに、ぜひ、見て
いただきたい光景です。
（「森と花と人のネットワーク」小川香さんからの
メッセージ）

ツクシイバラ

Rosa multiflora var. adenochaeta

野生種／半つる性・伸長2m ／一季咲き／花径4cm・一
重の花を円錐形の房に咲かせる／強香／鉤形に曲がる鋭
いトゲがある

九州の球磨川流域の河原に群生する。ノイバラの変種と
され、花の色は、株によって白〜濃桃色までさまざま。
葉は光沢があり、全体にノイバラより大きく開花期が遅
い。園芸種のバラの台木に用いられる。野生種のバラと
してはとても華やか。

1本の挿し木が6年ほどで家の
まわりをぐるりと囲むほど旺
盛な伸長力をもつツクシイバ
ラ。病害虫にも強く、薬剤散
布の必要がないのでとても育
てやすい。

左ページ下の写真の庭を、外から眺めたシーン。ツクシイバラの開花期は、ちょうど田植えの時期と重なり、新緑の田園風景にピンク色を添える。

強くてやさしい
「新時代のバラ」の誕生

「ようやくたどり着いたバラです」。2019年春、育種家木村卓功さんによる新品種のバラ'シャリマー'の発表によって、「庭」はバラの新時代を迎えました。「バラと暮らす幸せ」を誰もが気軽に楽しむことのできるバラの新時代です。

2019年発表の'シャリマー'。うどんこ病にも黒星病にも驚くほど強く、光に透ける花弁が神々しいほど美しい。

2018年11月撮影。秋の日差しが降り注ぐ育種の圃場で、'シャリマー'と木村卓功さん。

■ 昭和のバラ・平成のバラ

「バラ」と聞いたとき、どんな花の姿が浮かびますか？ 剣弁高芯咲きの優美なハイブリッド ティーローズ（HT）の花がぱっと頭に浮かんだら間違いなく「昭和の人」だそうです（笑）。いま思えば不思議ですが、これはつまり、長い昭和の時代を通して、日本では剣弁高芯咲き以外のバラ、ロゼット咲きやカップ咲きのバラの存在が、ほとんど知られていなかったということでもあるのでしょう。

このHTのバラは、エレガントな花形で人々を魅了する一方で、ひとつの弱点を抱えていました。美しさを求めて繰り返される近縁の交配によって、本来備えていたはずの耐病性が失われてしまっていたのです。病気からバラを守るためには頻繁な消毒が必須となり、その結果、バラ栽培は、「手がかかる」という敷居の高さを伴うものになっていきました。

時代は平成へと進み、1990年代半ば頃から日本国内でガーデニングブームが盛り上がります。「イングリッシュガーデンって素敵ね！」と、女性たちの多くが英国の庭のイメージに憧れた当時、その「イングリッシュガーデン」に不可欠なものが「バラ」でした。オールドローズが紹介され、デビッド・オースチンさんのイングリッシュローズが日本で知られるようになってきたのも、この頃のことです。そして21世紀に入ると、時代の潮流は「エコロジー」を人類にとっての重要課題として強く意識する方向へと向かいはじめます。ADR認証という新品種のバラの評価基準のもと、1980年代から耐病性を備えたバラの育種に取り組んできたドイツのコルデスを筆頭に、欧米のバラの種苗会社やバラの新品種のコンクールが、じゅうぶんな耐病性をバラに求めはじめ、現在に至っています。

■ 2019年・令和元年の春、新時代のバラ第1号が誕生

こうした潮流を踏まえて日本国内で早くから「耐病性」を意識したバラの育種に取り組まれてきたのが『バラの家』代表・育種家の木村卓功さんです。高温多湿な日本の気候のもとで、薬剤散布なしで健やかに育つ新時代のバラをめざし、その第1号として2019年、令和元年の春、発表された記念すべき新品種のバラは'シャリマー'。木村さんのバラは、日本国内で開催されるコンクールはもとより、ヨーロッパ各国のバラの新品種コンクールでの受賞を重ね、なかでも、世界でもっとも権威ある新品種国際バラコンクールとされるパリ、バガテルのコンクールのグラウンドカバー部門での'ニューサ'の受賞は、世界中の育種家たちの注目を集めました。うどんこ病にも黒星病にも極めて高い耐病性をもち、さらにその強さと併せて、やさしい夢のような美しさを見せてくれるバラ。そんな「新時代のバラ」が、いま次々に誕生し、私たちが毎日の暮らしの中にバラを取り入れる自由度を大きく広げてくれています。そして、これから先もまた、世界中のバラ愛好家たちの心を奪う新品種をめざして、日本を代表する育種家、木村卓功さんの挑戦が続いていくことでしょう。バラを愛するみなさま、ごいっしょにその挑戦を見守り、応援し続けていきましょう。

バラが迎えるエントランス

外出時と帰宅時には必ず通り、友だちを迎えたり、手紙や荷物を受け取ったり、家と街をつなぐ窓口でもあるエントランス。そこをどうバラで飾るか？ 腕の見せ所です。

人の出入りするエントランスにはトゲの少ない 'つる サマー スノー' と 'アリスター ステラ グレイ'。
（神奈川県横浜市／千葉礼子さんの庭）

みんなが楽しみに開花を待つ ピンクのバラのファサード

ピンクの濃淡のバラでゴージャスにおおわれた玄関まわり。栗林早百合さんの庭のバラの開花を知らせるファンファーレが、いまにも聞こえてきそうな華やかな光景です。淡いピンクのバラは'ピエール ドゥ ロンサール'、濃いピンクのバラはモスローズ(＊)の'アンリ マルタン'。毎年、このみごとなシーンを楽しみにしているのは、家族や友人たち、ご近所の方々だけではありません。エントランスのバラが咲き、満開に近づくにつれて、家の前を通る人の数が増えてきます。「この時期は散歩のコースを変えてここを通るようにしています」と、遠回りをして、そっと見に来られる方も多いそうです。

＊モスローズのモスは苔。蕾をおおう萼片や茎に、苔のような突起が見られることから。

「この壁のバラの蕾がふくらんでくると、『まだですか？』『楽しみにしています』と声をかけられます。冬の誘引で脚立に上っていると『大丈夫ですか』『気をつけてください』と知らない方まで心配してくださって。そんなふうに声をかけていただくことも、励みになっています」

玄関のポストのそばで咲いているのは、ローズピンクの'アンリ マルタン'とラベンダーピンクの'ブラッシュ ダマスク'。

玄関まわりの剪定と誘引
全部ほどかなくても大丈夫

「誘引をほどかずに、古い枝、枯れた枝、必要のない枝を落とし、'ピエール ドゥ ロンサール'と'アンリ マルタン'の色のバランスと配置を考えて枝を減らしたり、誘引し直したりしています。'アンリ マルタン'が強すぎるので、もう少しやわらかい雰囲気の壁にしたくて、小輪の白やピンクのバラを混ざり合って咲くよう、育てています」

アンリ マルタン
Henri Martin

モス／半つる性・伸長3m ／一季咲き／花径7cm・八重咲き／中香／トゲは多い

すらりとした枝を埋め尽くすように多くの花を咲かせる。艶やかな花色は庭の主役に。秋にはモスローズらしいトゲつきのヒップが実る。ステムは短め。

アルバ セミプレナ
Alba Semi-plena

アルバ／半つる性・伸長2.5m／一
季咲き／花径7.5cm・丸弁半八重咲
き／中香／トゲは普通

太い枝をしっかりと伸ばす。直立性
のシュラブとして庭木のように自
立させてもよい。実はローズヒップ
ティーや果実酒に利用できる。

幸せがいっぱい！
「庭のある暮らし」を提案
宮本里美さんの GARDENS

「料理やインテリアやファッションなど生活のすべてに『庭のある暮らしの楽しさ』を提案しています」と言う宮本里美さんは、ご自身が大のお庭好き。四季を通して感じる庭の幸せをたくさんの方に知ってほしい、という思いから香川県高松市に自宅兼デザイン事務所を開き、ショップ GARDENSをオープンしました。さらに GARDENS GARDEN 代表として、暮らしに寄り添った庭づくりの全国展開へと活躍の場を広げています。とりわけ力を入れているのが子供たちへの指導。「土に触れて育った子供たちが感性を磨き、いつか庭をつくり、庭づくりの幸せを感じてくれる日がくるのを願っています」

GARDENSの建物の北面に沿ったボーダーガーデン。左から、煙のような赤い花の銅葉の木はスモークツリー 'グレース'、白い中輪のバラは'プロスペリティ'、銅色の剣葉はニューサイラン、ジューンベリー、白い花の低木はガマズミ。足元の小花は白花リクニス、バーベナ 'バンプトン'、クナウティアなど。右側の赤い花穂はメリアンサス マヨール、混じり合って咲いている藤色の花はグレープ センテッド セージ。

中庭に向かうゲートで出迎えてくれるのは、バラの'アルバ セミプレナ'と愛犬ベリーちゃん。'アルバ セミプレナ'は、
秋の実でつくるローズヒップティーもお楽しみ。

玄関を出入りするたびに
ブルボンローズの甘い香りがふわり

玄関を囲むフレームのように誘引されているピンクのバラは、右からは、'ルイーズ オディエ'。甘い香りのブルボンローズです。左から枝を伸ばしている'クープ デペ'も強香のブルボンローズ。香りのよいバラの中でも、とりわけ華やかに香るバラが選ばれて、5月のバラの季節には玄関まわりに甘い香りが漂います。「玄関を通るたびにバラの香りがこぼれてきて、幸せな気持ちになります」

藤田艶子さん。「うちのバラの9割以上は鉢栽培です。バラの鉢の前には、草花の鉢を置いて、バラの株元を隠します。鉢のよいところは、絵を描くように、花の色を見ながら、鉢を移動して庭をつくれること。何度もやり直しができるのもよいところです。通りがかる人に『楽しみにしています』と声をかけられると、また頑張ろうと気合いが入ります」

クープ デペ
Coupe d'Hebe

ブルボン／半つる性・伸長2m／一季咲き／花径7cm・カップ咲き／強香／トゲは普通

濃いめのピンク、深いカップ咲きの優美な花を房に咲かせる。オールドローズらしい豊かな芳香が魅力。

ルイーズ オディエ
Louise Odier

ブルボン／半つる性・直立・伸長2m／返り咲き／花径6cm・カップ咲き／強香／トゲは少なめ

きれいに整った重ねの多いカップ咲きの花をふんだんに咲かせる。甘い香りと、秋のオレンジ色の実も楽しみ。

玄関まわりを野薔薇の
フレームで囲んで

朝は4時半から庭の手入れを楽しみ、夜は室内の灯りがこぼれる庭で過ごす。とにかく時間も手間も惜しまずに庭を大切にしている谷口文子さん。お庭ではバラも草花も、樹木や野菜も、すべて無農薬で育てています。「ローメンテナンスとは真逆の庭ですが、手間ひまをかけた分だけ、庭からたくさんの楽しみがもらえます」

谷口文子さん。「家を建てるときに、玄関まわりに少しでも多く土を残したかったので、植栽スペースやレンガの貼り方まで自分でデザインして、業者さんにお願いしました。無農薬栽培なので、ニームオイルをまいたり、虫と戦ったり、宿根草が密になって蒸れないように間引いたり。作業をしていないときも、『次は何をしようか、どこに手を入れようか』と庭で立ったまま考えています」

ピンクのバラは'デュシェス ドゥ ブラバン.'花首が細めで、少しっつむきかけんに咲くので、高さのあるレイズドベッドに植えるときれいな表情を楽しめる。玄関をフレームのように囲んだ白い小輪のバラはノイバラ。「秋に赤いローズヒップをつけるのを楽しみにしています」

デュシェス ドゥ ブラバン
Duchesse de Brabant

ティー／木立性・伸長1.2m／四季咲き／花径7cm・カップ咲き／中香／トゲは少なめ

一季咲きが多いオールドローズの中で貴重な四季咲きのティーローズ。

降り注ぐように咲くバラが
玄関を華やかに彩る

東京郊外、高台にある新興住宅地の中で、ひときわ目を引く華やかな玄関。降り注ぐように咲いているコーラルピンクのバラは、名花'フランソワ ジュランヴィル'です。バラは適材適所。その場所にぴったりフィットするバラを選ぶことが重要です。花の美しさだけでなく、そのバラがどんな樹形に育つのかも要チェック。樹形に合った仕立て方をすれば、誘引作業がラクなうえに、バラはとっておきの美しさを見せてくれます。

左手前の郵便受けのまわりに枝を伸ばすバラは'伽羅奢'。右奥のコーラルピンクのバラは'フランソワ ジュランヴィル'。「何もバラのことはわからなかったときに、村田晴夫さんの本に出会い、『つるバラの景色をつくる』という考え方が自分のスタイルに合っていると思い、村田先生の講座に参加しました。玄関の'フランソワ ジュランヴィル'は、家の写真を見せて、村田先生に選んでいただいたバラです」

バフ ビューティー
Baff Beauty

ハイブリッド ムスク／つる性・横張・伸長3m／返り咲き／花径7cm・八重咲きの花を数輪の房に咲かせる／中香／鋭いトゲ

生育が旺盛で、どんどん長く伸びる枝は硬くて誘引しにくいが、チャレンジしたくなる魅力に富む。

アプローチを進むと、玄関で満開の'バフ ビューティー'が迎えてくれる。

「ワイヤーで玄関の柱にしっかりと誘引。枝が太く旺盛に育つので、誘引には少し手こずるバラです。冬に必要な枝だけを残して剪定し、枝垂れて咲くようにイメージしながら、柱に太目のワイヤーで吊って誘引しています。去年は、いちばん大事な開花時に、花や葉が重くなりすぎてワイヤーが緩み、枝ごと落ちて玄関をふさいでしまいました。泣く泣く真夜中に直しました（笑）」

壁の色に合わせて
玄関に'バフ ビューティー'

咲き誇るバラと宿根草と一年草の庭。山田千鶴子さんの30坪のワンダーランドを、園路の両側に咲く花々に目を奪われながら奥へと進むと、玄関前にあふれ咲く'バフ ビューティー'に思わず息を飲みます。「壁の色に合わせて選びました」と千鶴子さんが言う通り、咲き進んで淡く褪色したクリーム色と咲きはじめの黄褐色のグラデーションが、落ち着いたオレンジ色の壁にみごとにマッチしています。重そうに枝を枝垂れさせる花のボリューム感も、このバラの魅力ですね。

ジ オルブライトン ランブラー
The Albrighton Rambler

シュラブ／半つる性・伸長1.5m／繰り返し咲き／花径6cm・カップ咲きの花を房に咲かせる／中香／トゲは普通

一季咲きで一重か半八重が多いランブラーローズのなかで、ボタンアイをもつ整ったカップ型の花を繰り返し咲かせる貴重な存在。イングリッシュローズ。

ローラ ダボー
Lauré Davoust

ハイブリッド ムルティフローラ／つる性・横張・伸長4m／一季咲き／花径3cm・ロゼット咲きの花を房に咲かせる／微香／トゲは普通

グリーンアイをのぞかせる小さなロゼット咲きの花を、旺盛に伸びる枝いっぱいに咲かせて、広いスペースを花で埋める。

左側のフェンス越しに見える淡いピンクの花は'ジ オルブライトン ランブラー'。白い扉のまわりには'ローラ ダボー'。「もっと大きな庭が欲しいと思ったこともありますが、年を重ねると、庭全体を把握できるいまの大きさがちょうどいい、と感じています。庭のどこに何があって、次に何が咲くか、よくわかっている私らしい庭。1月に福寿草が芽を出す頃から、庭を仕舞う12月まで、温暖な静岡で庭づくりを楽しんでいます」

エントランスには
花びらを落とさないバラを選んで

植物の種類の豊富さ、絶妙な色合わせ、季節ごとに変わる庭の表情。いつお訪ねしても新鮮な驚きのある大須賀由美子さんの庭です。ガレージへと続く白い扉を飾るために由美子さんが選んだバラは、'ローラ ダボー'。「花もちが極めてよく、ほとんど花びらを落とさずに咲き進むので、掃き掃除を頻繁にしなくてすむところがエントランス向き」。なるほど！ ひとつひとつのバラの特性をよく知っていれば、適材適所の配置ができますね。

「丘の上の白い家」
パールピンクのバラのエントランス

エントランスで迎えてくれるのはパールピンクの中輪のバラ、'ニュー ドーン'。「'ニュー ドーン'は、手をかけなくても初夏にはしっかりと咲いて、甘い香りを漂わせます」と言う阿部優生子さんはガラス工芸作家です。ガラス細工のアトリエと兼用の住居を新築するにあたって、めざしたのは「バラの似合う家」。その気持ちを理解してくれる設計士さんを選び、納得のいくまで設計に時間をかけました。繰り返し話し合う過程で7回もデザインを変更しながら完成した「丘の上の白い家」は、バラが効果的に生かされてすばらしい景観をつくりだしています

(p76 に「丘の上の白い家」のベランダを掲載)

1 レンガを敷いたゆるいスロープを上がると、バラのアーチが見えてくる。2 アイアンの手すりに沿って進むと、突き当たりに玄関ポーチ。アーチに咲く'ニュー ドーン'が迎えてくれる。手前の白い房咲きのバラは'つるサマー スノー'。3 玄関ポーチで振り返りスロープを見下ろすと、アーチの形に切り取られたポーチの壁とバラのアーチが描く優美な二重の曲線に心を奪われる。

ニュー ドーン
New Dawn

クライミング／つる性・横張・伸長3m／返り咲き／花径8cm・半剣弁高芯咲きからカップ咲きへと咲き進む花を数輪の房に咲かせる／微香／鋭いトゲ

生育旺盛で長く伸びる枝にはトゲがあり、扱いやすくはないが、比較的しなやかな枝はアーチへの誘引にも向く。半日陰でも花をつける強さを秘めたバラ。

いつも元気をくれる
コーラルピンクの'ラビィーニア'

近隣のみなさんが親しみをこめて「リカちゃんハウス」と呼ぶ白い家が建てられたのは、30数年前、まだ輸入住宅がめずらしかった頃のことです。「家に帰ると、いつでもピンクのバラが出迎えてくれるようなイメージで、外構業者の方に四季咲きの丈夫なバラを植えてくださいとお願いしました」。植えられたバラ、'ラビィーニア'は、施主の橋場初音さんの注文通り、丈夫でたくさんの花を次々に咲かせるバラでした。このバラをきっかけに、家のまわりや庭に、いろいろなバラを植えてみた結果、初音さんが残したのは、無農薬栽培でOKな丈夫なバラたちです。

無農薬栽培で残った植物が
わが家の庭のバラと宿根草です

「犬が庭で遊び、イチジクやジューンベリー、ハーブ類を育てているので農薬は使いません。5月のバラの時期は、夫婦で虫取り作業に精を出します。それでも花数は減り、完璧な花が咲かなかったりしますが、そんなところも私の庭らしいような気がしています。初めの頃、庭は思うようにはいきませんでした。バラも宿根草も、気になるものは端から買いましたが、病気や虫、そして寒さでダメにしたり。何年もかけて『自然淘汰』を重ね、いま残っているものが、わが家の庭を構成するバラと宿根草です。いまは、新しいバラも宿根草も買わなくなって、カミキリムシに入られてダメになったときは、同じバラを同じ場所に植えるようにしています」

ラビィーニア
Lawiniaue

クライミング／つる性・伸長2m
／繰り返し咲き／花径10cm・半剣
弁カップ咲きの花をうつむきかげ
んに咲かせる／中香／トゲは普通

パッと目を引くコーラルピンクの大
きめの花はエントランスを明るく彩
る。花つきがよく、初夏から冬まで
ずっと咲き続ける強健種。

1「玄関脇に植えた'ラビィーニア'はホントによ
く咲くバラで、5月から12月まで花を次々に咲
かせて、家族をずっと送り迎えしてくれまし
た。花色は見ると元気になるコーラルピンク
です。バラは、あまりきっちりとは誘引せずに、
倒れそうになったら支える程度で、ほぼ自然樹
形のままに育てています。玄関まわりのレンガ
は、主人と私で目地がはみ出すような感じに積
みました」**2** バス通りから見上げた初音さんの
庭。'ポールズ ヒマラヤン ムスク'が枝を伸ばし、
淡いピンクの花を降るように咲かせる。**3**「自転
車も車も、好きな形、好きな色で選んでいます」
4「玄関脇の'ラビィーニア'と'フェリシア'を、
キッチンの窓からも楽しんでいます」

北向きの玄関で
ロサ グラウカを育てる！

マットなブルーグレーの葉と中心が白く抜けた一重のピンクの花。一度見たら忘れられない魅力をもっていますが、暑さと蒸れに弱いバラです。ところが、神奈川県藤沢市の佐藤一彦さんの玄関脇には、こんなにみごとなロサ グラウカが！佐藤さん、栽培のコツを教えてください。

「ロサ グラウカは花も葉色も美しく、秋にはたわわにヒップをつける『3度おいしいバラ』です。トゲが少ないので、人の出入りする玄関に向きます。北側の玄関脇の壁にぴったり沿わせて誘引しているので、朝日と夕日が少々差すくらいで、ほとんど日は当たりませんが元気に育っています。土は赤土に堆肥を混ぜて。道路に向かってゆるく傾斜しているので、水はけのよい場所です。肥料はほぼ与えていません」

1 ロサ グラウカが植えられている北向きの玄関の軒下は、同じように暑さに弱い植物の指定席に。水はけのよい鹿沼土と軽石を用土に使ったこの高山植物のコーナーに、ロサ グラウカも隣から根を伸ばしている。**2** ブータンなどに咲く、アンドロサケ ラヌギノサ。サクラソウ科の多年草。**3** 北方領土の岩場などに分布するチシマウスユキソウ。キク科の多年草。エーデルワイス（セイヨウウスユキソウ）もこの仲間。

ロサ グラウカ

Rosa glauca

野生種／半つる性・伸長2m／一季咲
き／花径4cm・一重の花を房に咲かせ
る／微香／トゲは少なめ

紅色を帯びたブルーグレーの美しい葉
は、季節によって色調を変え、リーフプ
ランツとしても魅力的。秋にはオレン
ジ色のローズヒップをつける。ステムは
短め。高温多湿に弱い。

エントランスを
華やかに飾るバラの3品種

神奈川県藤沢市湘南台。人気のガーデンショップ『ルーシーグレイ』の5月のエントランスを、それぞれの品種の魅力を生かして美しく仕立てられた3つのバラが飾ります。「'ポール ネイロン' は華やかすぎるような気がして、他のバラに植え替えようかと思うのですが、お客様に人気で替えることができません」とオーナー夫妻。たくさんのお客様方にとって、この光景はバラの季節を告げる「看板シーン」なのです。

エントランスを飾るバラは、左から 'ラベンダー ドリーム' 'シャンプニーズ ピンク クラスター' 'ポール ネイロン'

ラベンダー ドリーム
Lavender Dream

シュラブ／半つる性・横張・伸長1.2m／四季咲き／花径4cm・半八重咲きの花を房に咲かせる／微香／トゲは多い

花は大きな房になって、あふれるばかりに一面を埋め尽くす。花期が長く、繰り返しよく咲いて、秋にはローズヒップを楽しめる。

シャンプニーズ ピンク クラスター
Champney's Pink Cluster

ノアゼット／半つる性・伸長2.5m／繰り返し咲き／花径4cm・八重咲きの花を房に咲かせる／中香／トゲは普通

透き通るような淡いピンクの小輪の花が房に咲き、高い位置に誘引するとたおやかに流れるようなラインをつくる。

ポール ネイロン
Paul Nayron

ハイブリッド パーペチュアル／半つる性・直立・伸長2m／繰り返し咲き／花径10cm・ロゼット咲き／強香／トゲは普通

濃いローズピンクの見応えのある大輪の花。トゲの少ない半つる性で、秋にも返り咲く。花もちがよく、華やかに香る。

このバラでなくては！
名花'コーネリア'を選ぶ理由

5月の光をあびて、金色のシベを輝かせながら咲き
誇るバラ、'コーネリア'。「わが家のこの場所には、
このバラがぴったり」という庭主の穂坂八重子さんの
言葉通り、クリアなアプリコットの花色とシックな
レンガの配色は抜群の美しさです。さらに門扉を繋ぐ
アーチから両側のフェンスへと伸びるひと続きの誘引
には、コーネリアの半横張の樹形がじょうずに生かさ
れて、緩やかな心地よいシーンをつくりだしています。
半日陰にも耐え、落ち着いたムスクの香りを漂わせ、
環境が合えば頻繁に返り咲き、季節によって、花色
の変化を楽しませてくれるバラ。まさにハイブリッド
ムスクの名花ですね。

太陽が透けて見えるくらい
枝をすかして

「5月のコーネリアは、枝いっぱいに花を咲かせて
みごとです。ただ、花が多すぎて、せっかくの蕾が、
咲ききらずにダメになってしまうことがあるので、う
ちでは、少し枝をすかします。下から見て、向こう
側に太陽が透けて見えるくらいにしておくと、全部
の蕾に光が当たって、最後の蕾まで咲いてくれます」

「コーネリアのいいところは、どこで短く切っても枝が出てきて、間違いなく花を咲かせてくれるところかしら？ 秋にもポツポツ返り咲いて、秋の花はまた、春よりも色が濃くて、かわいいです。ローズヒップもいいですよ」と穂坂八重子さん。

暮らしを飾るバラ
選び方のポイントは？

解説／斉藤よし江

バラには、いろいろな種類があって、ひとつひとつがさまざまな特性をもっています。私たちの日々の暮らしの中にバラをじょうずに迎え入れるキーワードは「適材適所」。花の美しさだけで選ばずに、それぞれの個性をよく見て選びます。

'バレリーナ'が咲くメッシュフェンス。（北海道岩見沢市／白井聡子さんの庭）

'プロスペリティ'のアーチ
（埼玉県毛呂山町／藤田悦子さんの庭）

■ どれくらい大きくなるバラ？

生長力が旺盛で、大きく育つバラは、家庭の小さな庭には不向きなことがあります。とくに、壁面やフェンス、パーゴラに比べると、アーチは枝を誘引できる総スペースが思ったより限られています。よく伸びるランブラーローズなどを選ぶと、2年目の夏頃から、アーチにおさまりきらなくなって途方に暮れることも。バラを選ぶときは、図鑑などで、どれくらい大きくなるバラなのかをチェックします。

■ 枝がしなやかなバラ

小さな庭のアーチやフェンス、パーゴラなどの構造物にバラを沿わせるとき、枝がしなやかで扱いやすいバラを選ぶと誘引がラクです。とくに小さめのアーチの場合、硬い「木」のような幹や枝をもつバラをアーチの丸い形に沿わせるのは至難のワザです。植えるときには、やわらかな苗の状態でも、植えてから2〜3年後に、硬い「木」に育っていく品種もあります。どう育つバラか、チェックが必要です。

■ トゲが少ないバラ

バラを誘引するとき、トゲが「凶器」と化すことがあります。アーチやパーゴラは人が行き来する場所でもあるので、トゲが少ないバラを選んでおくと安心です。

■ 枝垂れた枝にも咲くバラ

バラのタイプによって、枝垂れた枝には花が咲かないグループがあります。HT、FLから派生したつるバラの多くは、下垂させた枝に花は咲きません。いっぽう、'アルベリックバルビエ''フランソワ ジュランヴィル''ドロシー パーキンス''伽羅奢'など、もともと匍匐性をもつテリハノイバラの系統のバラは、枝垂れた枝にたくさんの花を咲かせます。

■ どこで切っても咲くバラ

ノイバラの血を引くランブラーローズに、さらに返り咲き性をもたせたハイブリッド ムスクの、'コーネリア''バレリーナ'など、また'レディ ヒリンドン''アリスター ステラ グレイ''ニュー ドーン''カクテル'などは、どこで切ってもよく咲いてくれる、つきあいやすいバラです。

■ ステム（花枝）に注目

ステムの短いバラは、アーチでもパーゴラでも、仕立てた構造物に沿って花を咲かせるので、構造物の形がきれいに出ます。ステムが長く直立するタイプのバラは、アーチなどからピンピン飛び出して咲きます。ステムが長くてもしなやかに枝垂れて咲く品種を選べば、雰囲気のある光景をつくることができます。思い描いたとおりの景色をつくるには、そのバラのステムも要チェックです。

斉藤よし江／埼玉県毛呂山町のガーデンカフェ・グリーンローズ、オーナー。村田晴夫さん、加藤矢恵さんのバラの教室で学び、自宅の庭をみごとな「バラと宿根草の庭」として花開かせる。2006年より春と秋に期間限定のガーデンカフェをオープン。

くぐりたくなるバラのアーチ

バラのアーチを見ると、くぐってみたくなります。その先はどこか知らない庭につながっているような気がします。でもアーチは、くぐらずに装飾的に使うのも素敵。

アーチの左側から上る白いバラは 'アルベリック バルビエ'、ピンクのバラは 'イスパハン'。紫の花はペインテッドセージ。 アーチを「くぐらない」装飾用として活用。
（兵庫県神戸市／井上清子さんの庭）

くぐりながら見上げるアーチ
その瞬間を味わいたくて

「バラのアーチの下を通って家に入りたかったの」と中村加奈子さん。ご主人は50年続く中村造園の二代目として造園業を営み、加奈子さん自身もガーデンデザイナーとして活躍中。アーチをくぐりながら見上げると、新緑を背景に枝垂れて咲くバラ'メイ クイーン'の光に透ける花と葉をとても近くに感じます。子供から大人まで、誰もがバラのアーチを見るとくぐりたくなるのは、くぐる瞬間の感動を予感するからなのでしょう。

大型のアーチには華やかなローズピンクのバラ'パレード'、淡いピンクの房咲きのバラ'メイ クイーン'、クリームイエローのバラ'アルベリック バルビエ'、深い赤紫のクレマチス'ミケリテ'を誘引。

バラの花のレリーフのあ
る白いベンチが、フォー
カルポイントに。

パレード

Parade

クライミング／つる性・伸長3m／
四季咲き／花径10cm・カップ咲き
の花を数輪の房に咲かせる／微香／
大きなトゲ

ステムが長めで、うつむきかげんに
花をつけるので高い位置から枝垂れ
させると花の表情がきれいに見える。

アルケミスト
Alchymist

シュラブ／半つる性・伸長3.5m ／
一季咲き／花径7㎝・ロゼット咲き
／微香／トゲは多い

アルケミストは「錬金術」という意
味。肉厚な花びらの色がオレンジか
らピンクへと複雑に変化していく。
枝はよく伸び、壁面など広いスペー
スへの誘引に向く。ステムは短め。

華やかなバラ'アルケミスト'の
キャットウォーク

華やかなアプリコット色の大輪のバラ、'アルケミスト'の枝が
アーチを描く、おしゃれなキャットウォーク。
「いえいえ、はじめからキャットウォークのつもりでつくったわ
けではないのです」と庭主の加藤靖子さん。「猫は低い塀か
ら、このフェンスを伝って、隣のパーゴラの上に向かいます。
2mの高さのフェンスは猫の安全な散歩道で、パーゴラの上
では昼寝をしています」。白い扉の向こう側が靖子さんの庭
です。

世界で最も愛されているバラ (＊)
'ピエール ドゥ ロンサール'のアーチ

クリーム色の花びらにひそむ緑色のせいでしょうか？濃いピンク色の覆輪が優美な花の形を際立たせるからでしょうか？ 人気がありすぎて、めずらしくはないバラのはずなのに、この花が咲くとその美しさに感動せずにはいられません。'ピエール ドゥ ロンサール'を愛してやまない小野季世さんの庭には、エントランスのアーチを含めて、ピエールが8本！ ホームセンターで売れ残って処分品になっているピエールを見ると、買って帰って養生させ、大事に育ててくれる人に差し上げるそうです。「売れ残ったピエールを見ると、放ってはおけません（笑）」

（＊）フランスのバラの老舗ナーサリー、メイアン社のバラ、'ピエール ドゥ ロンサール'。メイアン社のご当主、アラン・メイアンさんに取材でお会いした際に、「日本でいちばん売れているバラだそうです」とお伝えしたところ、満面の笑顔で、「世界でもっとも愛されているバラです！」と。アランさんのお母様、マリー＝ルイーズさんによる1986年作出のバラ。

ピエール ドゥ ロンサール
Pierre de Ronsard

クライミング／つる性・伸長3m／返り咲き／花径10cm・カップ咲き／微香／トゲは普通

樹勢が強く、太くて丈夫な枝を上方へぐんぐん伸ばす。太い枝は、細かな誘引がしにくく、フェンスなどに大きく水平に引っ張る誘引が向く。見上げる位置に咲かせると、その美しさが際立つ。

ロマンチックなロゼット咲きで
花の色はピンク！
小さな庭のアーチに向くバラは？

家庭用の小さめのアーチに向くバラはといえば、まず、トゲが少なく、枝がしなやかであること。枝の伸長は2.5～3mくらいまでなら、ぐんぐん伸びてアーチからはみ出していく枝に困らされることもありません。花の色は透き通るようなピンクで、エレガントなロゼット咲きの花が少しうつむきかげんに咲いて……と、そんな注文のすべてに応えてくれるバラがあるのでしょうか？　はい、あるのです！　そのバラの名前は'ファンタン ラトゥール'。ケンティフォリアに分類されるオールドローズです。中野可奈子さんのお庭でその素敵なアーチを見せていただきました。

ファンタン ラトゥール
Fantin Latour

ケンティフォリア／半つる性・直立・伸長3m ／一季咲き／花径8㎝・ロゼット咲き／強香／トゲは少ない

トゲは少なく、シュートの発生がよく、枝はしなやかで誘引しやすい。咲きはじめはカップ咲きの花が、開花が進むにつれてクォーターロゼットへと変化してゆく。

右ページ／「'ファンタン ラトゥール'は、トゲが少なくて、枝がしなやか。ぎゅっと引っ張ったりしなくても、こっちを向いてくれる、誘引しやすいバラです。深緑色の葉が、淡いブラッシュピンクの花を際立たせて、とてもエレガントな雰囲気。大好きなオールドローズのひとつです。アーチ越しに庭の小屋が見えるようにイメージして植えたこの場所が気に入ったのでしょうね。長尺苗を植えてから2年でこれだけ大きくなりました。枝の長さは3mくらいかな？」と中野可奈子さん。

花の庭のシェッドの窓辺。白い水差しにはバラ'ラベンダー ブーケ'とポピーとスイートピーの花束。スイートピー'チャッツワース'、ポピー'エンジェル クワイヤー'は種をまいて育てたもの。庭の花でつくるフラワーアレンジメントは、動きのある花材が大きな魅力。

アーチをくぐって振り返ると
見える景色がガラリと変わる！

鈴木明美さんの庭は横長の長方形。その長辺と平行に、庭の東端から西端まで、10mの園路が一直線に伸びています。その真っ直ぐな園路の中程にあるアーチをくぐって、振り返ると、びっくり！ 見える景色が、ドラマチックに変わります。一直線の園路の西端にはブルーのベンチ、反対側の東端には深紅のバラ、'ジプシー ボーイ'のトレリス。陽気なベンチとエレガントなトレリスという、異なる雰囲気のフォーカルポイントのそれぞれが魅力的です。「庭のいちばんの楽しみは、考えること。『バラの枝をここに持ってきたら、草花とこんなふうに混ざり合って咲くはず』とか、『この植物の組み合わせは絶対素敵』とか、常に夢見心地で考えていて、尽きることがありません。バラが満開の頃よりも、まだ蕾の頃、思い通りになるかな？ と、期待がふくらんでワクワクします」と明美さん。みごとなお庭の構成力に参りました。

足元のブルーの花はアスペルラ オリエンタリス、その奥のピンクのバラは'マダム ルナイー。'

マダム ルナイー
Madame Renahy

ハイブリッド パーペチュアル／半つる性・伸長1.2m／繰り返し咲き／花径8cm・カップ咲き／強香／トゲは普通

紫色を含む濃いピンクのカップ咲きの花を、うつむいて咲かせる。華やかに香るバラ。

左手前のアプリコットと白の房咲きのバラは'ペルル ドール'。その右下のピンクのひと重のバラは'桜木'。その奥の白いバラは'フランシーヌ オースチン'。アーチの左側に咲くピンクのバラは'ブレイリー No.2'、アーチの上部にこぼれるように咲く中小輪のピンクのバラは'湖南バラ'、アーチ右側の足元の淡いピンクのバラは'モーティマー サックラー'。アーチをくぐった先の右手に見えるビワ色のバラは'レディ ヒリンドン'。

ペルル ドール

Perle d'Or

ポリアンサ／木立性・半直立・伸長0.8m／四季咲き／花径5cm・平咲き／中香／トゲは普通

剣弁の整った花形から、咲き進むと、中心がクシュクシュと乱れた平咲きへと変化する。

フランシーヌ オースチン

Francine Austin

シュラブ／半つる性・伸長1.4m／繰り返し咲き／花径4cm・ポンポン咲き／中香／トゲは少なめ

整った小さな白いポンポン咲きの花を房に咲かせる。シュラブにもつるバラにも仕立てられる。

ブレイリー No.2

Blairii No.2

ブルボン／つる性・横張・伸長3m／一季咲き／花径8cm・カップ咲き／強香／トゲは普通

華やかに香るブルボンローズ。中心に向かってピンクの濃さを増してゆく見応えのある花。

モーティマー サックラー

Mortimer Sackler

シュラブ／半つる性・開帳・伸長2m／返り咲き／花径7cm・カップ咲き／中香／トゲは少なめ

淡いピンクのゆるいカップ咲きの花に紅い茎が調和する。咲き進んだ不規則な花形も魅力的。

「アーチをひとつ立てると そこに小道ができて、庭づくりがはじまります」

「アーチをひとつ立てると、その下に小道ができます。小道ができたら、その両側に草花を植えたくなります。草花の咲く小道はその向こうにつながっていて、いろんなアイデアが浮かんできます。アーチによって庭は立体的になり、奥行き感が出て、なんだか生き生きしてきます。ひとつのアーチから庭づくりがはじまる、といってもいいでしょうね」と教えてくれた斉藤よし江さん。よし江さんの『グリーンローズガーデン』(＊) にはいくつものアーチがあって、小道でつながっています。ガーデンの入り口のアーチをワクワクしながらくぐると、その奥へと心誘われ、瑞々しい新緑に包まれた5月の花園の中を、小道はまた次のアーチへと続いてゆきます。先へ先へと胸をときめかせながら、どこまでも歩いて行きたくなるのです。

(＊) グリーンローズガーデン／埼玉県毛呂山町にあるプライベートガーデン。春と秋のバラの季節限定でガーデンカフェ・グリーンローズをオープン。

1 ピンク色のバラは'ブルボン クイーン'。花つきがよく、アーチに仕立てるとみごと。**2** アーチの左側から上る白い小輪のバラはノイバラ。5月に真っ白い小輪の花を房に咲かせ、秋には赤いローズヒップがたわわに実る。アーチの右側からはモスローズの'アンリ マルタン'。深紅色の花の中に鮮やかな黄色のシベが輝く。

ブルボン クイーン
Bourbon Queen

ブルボン／つる性・伸長3m ／一季咲き／花径7cm・カップ咲きの花をたくさん咲かせる／中香／トゲは普通

花つきがよく、ステムは短めで、アーチの曲線に沿ってきれいなラインを出せる。秋には、オレンジ色の大きめの実をつける。

ノイバラ
Rosa multiflora

野生種／半つる性・伸長2m ／一季咲き／花径2.5cm・一重咲きの花を房に咲かせる／強香／鋭いトゲがある

日本に自生する野生種のバラ。5枚の白い花弁の可憐な一重の花を円錐形の房に咲かせて、すばらしい景色をつくる。秋には小さな赤い実を結ぶ。

完璧なアーチが わずか2年で完成！

家を新築して間もない白石邸。「アーチがあるのですが」と相談を受けたグリームズガーデンのオーナー岡本康志さんは、ガーデンの入り口のアーチに、フランス、デルバール社のバラ、'エドゥアール マネ'を選びました。株元から花をたくさん咲かせるこのバラによって、2年で完璧なアーチが仕上がりました。

トゲが少なく、しなやかな枝を伸ばすバラ、'エドゥアール マネ'。誘引しやすく、家庭用のアーチに向く。花つきがよく、生育も旺盛なので、あまり時間をかけずにアーチの美しい完成を見ることができる。

エドゥアール マネ
Edouard Manet

シュラブ／半つる性・横張・伸長2m ／四季咲き／花径8cm・カップ咲き／強香／トゲは少ない

淡い黄色の地にピンクの絞りの入る華やかな花。トゲの少ない、しなやかな枝は誘引しやすい。

「くぐるアーチ」と「くぐらないアーチ」それぞれの役割は？

イギリスが大好きな清水奈津子さんは、コテージガーデンをめざしてリフォームした自宅の庭に、2つのアーチを設置しました。ベンチを囲む「くぐらないアーチ」は、ゆっくりとくつろげる落ち着いた空間を演出。「くぐるアーチ」は、庭を2つに区切る役割を効果的に果たしています。

1 アーチの向かって左から咲き上るピンクのバラは'ブルボン クイーン'。 **2** アーチの右からは'ポールズ ヒマラヤン ムスク'。茶器はイギリスのスポード、スコーンにはクロテッドクリームとジャムを添えて。ベンチの足元には、イギリスの牧羊犬ボーダーコリーのアンディがスタンバイ。

3・4 アーチのバラはイングリッシュローズの'ストロベリー ヒル'。アーチのプレートの「Shang A Lang Garden」は奈津子さんが大好きなイギリスのロックバンドの楽曲から。アーチのバラの手入れはアンティークの脚立で。

ストロベリー ヒル
Strawberry Hill

シュラブ／半つる性・横張・伸長1.5~2.5m／繰り返し咲き／花径10cm・ロゼット咲き／強香／トゲは普通

ふんわり丸いロゼット咲きの花を、うつむきかげんに咲かせる。花色はサーモンピンクからピンクへ。

台木から咲いた
美しい真紅の「謎のバラ」

ブドウやリンゴの産地として知られる長野県須坂市。そのリンゴ畑を抜けた静かな住宅地に中村さんご夫妻の家と庭があります。こぼれ種から育ったかわいらしい草花が広がるガーデンの一画に咲くクリムゾンレッドのバラは、奥様の八栄子さんのいちばんのお気に入り。波打つ花びらに黄色いシベが際立つ花と、明るい緑の葉色とのバランスがとても美しいのですが、もう長いこと、名前のわからないバラでした。わかっていたのは、枯れてしまったバラの台木から咲いたバラであること。そして、その「台木」を手がかりにバラ友たちが探した結果、判明しました！ バラの名前は'ドクター ヒューイ'。テリハノイバラの系統のランブラーローズです。

ドクター ヒューイ
Dr.Huey

ハイブリッド ウィクラナ／つる
性・伸長4m／一季咲き／花径
5cm・丸弁半八重咲き／微香／ト
ゲは少ない

深みのある黒赤の花弁に黄色のシベ
が美しい。花つきがよく、芳香もあ
る。米国で台木に使われるほど丈夫
で育てやすい。ステムは短め。

早咲き？遅咲き？
開花時期で風景が決まる

解説／有本昌子

満開の風景を夢見たのにあのバラだけまだ蕾のまま、そんな経験ありませんか？バラの開花時期は品種やお住まいの地域によっても異なります。開花時期の合うバラを選んで、理想の風景を創ってみませんか？

6月上旬の花簾庭。園路を挟んで右手の木格子塀のつるバラ、左手のイングリッシュローズ、その奥の和バラがいっせいに咲きそろう。

近くを流れる桂川の名勝、六ヶ堰の水しぶきをランブラーローズの'群星'と'群舞'で表現した壁面。

「京都に新しいバラ園を創る計画がある。品種リストの作成を手伝ってもらえないか？」
ランドスケープアーキテクトの居場英則さんから、そう依頼を受け、京北・香りの里／六ヶ畔・花簾庭の品種選定を担当しました。

■ 冷涼な京北の地ではバラはいっせいに咲きそろう
京都市北部の山里にある花簾庭の開園期間は2週間。その期間にいっせいに咲くよう、極端に開花のずれる品種は候補から外したりアーチの後方に植栽するなど花期をそろえるよう工夫しました。
雪も降るこの地域では、開花が6月上旬からと奈良市内より約1カ月咲きはじめが遅く、品種による開花のズレも奈良ほど生じません。短期間に凝縮されてバラが咲きそろうのは嬉しい誤算でした。早咲きの'スパニッシュ ビューティー'と遅咲きの'キング'がここではアーチに並んで咲くのです。
'ファンタン ラトゥール'などのつるの早咲き品種にはじまり、和バラ、オールドローズ、イングリッシュローズが綻びだし、最後にやや遅咲きの'群星''群舞'が咲いてフィナーレを飾ります。小花がたくさん咲くつるバラの花期が長いことや朝晩涼しく花もちがよいことも味方し、一面見渡す限り咲き乱れるバラの風景を楽しむことができます。

■ 早咲き、中咲き、遅咲きのバラがバトンをつなぐ
一方、バラ園をデザイン、設計した居場さんの奈良市内の自宅の庭ではバラの開花時期は早咲き、中咲き、遅咲きの3つに分類され、エリアごとに風景がデザインされています。
4月末お隣との境界に植わる早咲きの'マダム イサーク ペレール'が咲きはじめるとバラの季節の幕開け。中庭では中咲きのイングリッシュローズが5月初旬から開花。5月中旬、前庭の外壁の遅咲きバラがいっせいに咲き出します。赤薔薇の'チェビー チェイス''フロレンティーナ'、チェリーレッドの'キング'、淡いピンクの'ジャスミーナ'がタペストリーのように色を重ね白い壁を彩ります。エリアごとに花期をそろえることで美しいデザインが成立し、満開のピークが場所ごとにバトンタッチし約1カ月近くバラの開花を楽しめるのです。（p108参照）

■ 開花のタイミングを考えて品種を選ぶ
バラを選ぶとき、開花時期は重要なファクターです。アーチの両側にバラを植えたのに片方は満開、片方はまだ蕾だとガッカリですよね？
壁面やアーチのバラをいっせいに咲かせたいなら、開花の時期をそろえて品種を選ぶのも、理想の風景を実現させる近道ではないでしょうか。
少し開花時期のズレるバラを植栽したい場合は、早咲きのバラは花弁が厚く花もちがいい品種を選んだり、庭のエリアごとに花期をそろえてみてはいかがでしょう？

有本昌子／ライター。カラーリングと香り高くやさしいバラにこだわって京北・香りの里／六ヶ畔・花簾庭のバラ品種を選定。

ベランダは空のローズガーデン

ガラス戸を開けて手を伸ばせばすぐに触れられる。ベランダはバラをとても身近に
感じられる場所です。そこにバラをひと鉢置けばベランダは空のローズガーデンに。

濃いピンクのバラは'ロゼ ピエール ドゥ ロンサール'。右側の2輪は'ブラザー カドフィール'
(奈良県奈良市／居場英則さんの庭)

空を背景に
バラの美しさが細部まで映える
ベランダの空中誘引

奈良盆地を囲む山並みを縁飾りに、果てしなく広がる空。ランドスケープアーキテクト居場英則さんの自宅2階のリビングに面したベランダでは、「空中誘引」が地植えのバラとはまた一味違った、バラの新鮮な表情を見せてくれます。空を背景にバラの枝が描く軽やかな曲線。空中に浮かぶステムと花。光に透ける5枚葉。空に近いベランダだからこそ見ることのできる美しい光景です。

ダフネ

1

2

1 木製の軒に釘を打ち、麻紐でふんわりと誘引。軒に誘引している'パレード'と'ダフネ'はステムが長く、花の重さで枝垂れて咲くので、軒への誘引に向いている。2 ベランダの向かって左側にはバラの鉢を置く3段の棚とオベリスクを配置。3段の棚に鉢を並べると管理がしやすく、風通しもよくなり、高低差があるので花も華やかに見える。高さのあるオベリスクは木立性のバラとつるバラの間の空間を埋める。色彩が明るく、軽やかに咲くバラが集められている。

朝、ガラス戸を開けるとバラの香りが室内に流れ込んできます

「2階リビングに面したベランダにバラがあれば、もっと『暮らしに花がある風景』を楽しめるのになあ、と思ったのがベランダガーデンをつくったきっかけです。窓からの眺望を、まるで絵画を飾るように切り取って、バラのフレームで囲む、ということをイメージして、空中に浮くようにバラを誘引しました。朝、ガラス戸を開けると、バラの香りが室内に流れ込んできて、リビングとダイニングを満たし、階段の踊り場あたりまで漂います」

蕾がふくらみかけたら室内に向くように鉢を回します

奥行き1.5m、幅5mのベランダに、7本のつるバラと13本の木立性のバラで構成された空のローズガーデン。ひんやりと朝露を含んだバラの花々に、朝の光が降り注ぐ。手すりには、'ブラザー カドフィール''ロゼ ピエール ドゥ ロンサール'を誘引。
「蕾がふくらみかけた頃に、いったん誘引を解いて、鉢を回し、室内に向くように誘引し直します。手すりは低いのでステムの短いバラを、また、誘引のし直しがあるので、枝が硬めで軽い誘引ですむようなバラを選びます」

ブラザー カドフィール
Brother Cadfael

シュラブ／半つる性・直立・伸長1.6m／返り咲き／花径12cm・ディープカップ咲き／ダマスク香／トゲはほぼなし

まんまるの蕾から一片ずつ開く芍薬に似た大輪の花で、きれいな箱に入った上等のお菓子のような特別感がある。赤く艶のある枝が直立によく伸びつる仕立ても可能。ステムは長め。

ダフネ
Daphne

シュラブ／半つる性・横張・伸長1.8m／返り咲き／花径7cm・波状弁八重咲き／ティーにスパイス香／大きなトゲ

ひらひらと波打つ花びらは厚めで花もちよく切花にも向く。ステムは長め。日陰でも西日が強くても咲く強健種。剛直で硬い枝を曲げるときは枝先から少しずつしならせるのがコツ。

「いつも身近で咲いていてね」
バルコニーの四季咲きバラ

リビングからバルコニーへと続くフランス窓を開けると、気持ちのいい5月の風が流れ込んできます。新緑を背景にトレリスに咲く深紅色のバラ'オデュッセイア'、手前の鉢からあふれ咲く白い小輪のバラは'ニューサ'。ノイバラを思わせるナチュラルな白い花は、庭のどんな花とも合わせやすく、一年中、咲き続けて楽しませてくれます。「ガーデン誌の仕事をはじめる前は、ベランダのバラが咲くと、白いソファー型のベンチにクッションを置いて文庫本を読んでいました。今はバラの季節は飛び回っていて、ベンチの上では猫たちが昼寝をしています」と、ガーデンエディターの明田川奈穂美さん。

オデュッセイア
Odysseia

シュラブ／半つる性・直立・伸長2m／四季咲き／花径10cm・波状弁・数輪の房咲き／ダマスクにフルーツとスパイスの強香／トゲは普通

剪定によって仕立てられる自由度の高いバラ。グラスに注いだボルドーワインを思わせる陰影と光を併せもつ深紅色の花。

ニューサ
Neusa

シュラブ／半つる性・伸長1.2m／四季咲き／花径3cm・可憐な一重の花を房に咲かせる／微香／トゲは普通

野ばらを思わせる小輪房咲きの花が、5月には株をおおうほど咲き、その後、一年を通してパラパラと可憐な花を咲かせ続ける。他の植物といっしょに庭に美しい景色をつくるバラ。

ベンチの横には日差しを遮るようにビバーナムを配置。'ニューサ'と同じ鉢には生育が旺盛なルブス'サンシャイン スプレンダー'。ルブスに負けない'ニューサ'はどんな植物ともなじんで寄せ植えにも向く。

1 2階のベランダには、左から、ローズピンク色のサフィニア、艶やかなピンクの'ローズ ポンパドゥール'、うつむいてこぼれるように咲くバラ'アラン ティッチマーシュ'、アプリコットを含んだピンクのバラ'ジュビリー セレブレーション'。1階のフェンスのカップ咲きのバラは'アンジェラ'。**2** 2階ベランダに立つ青木恭子さん。「主人は、華やかな'ローズ ポンパドゥール'の花を見て、『さすがにフランス王の愛人って感じだな』と言っていました(笑)」

「2階に1つ＋3階に2つ」
3つのベランダでバラと暮らす

青木恭子さんは家を新築するにあたって、ベランダでバラを育てることを明確にイメージしながら家づくりを進めました。2階のリビングルームに1つ、3階の恭子さんのアトリエには南側と北側に2つのベランダを用意して、それまでマンションのベランダで育ててきたバラといっしょに引っ越してきました。白い壁と黒いアイアンの手すりは、バラを誘引することを考えてセレクトしたものです。

エマニエル
Emanuel

シュラブ／半つる性・伸長1.5m／四季咲き／花径10㎝・ロゼット咲き／強香／トゲは多め

クリームイエローからピンク、アプリコットと、中心にいくほど濃くなるグラデーションが美しい。香りもよく、12月になってもチラチラと咲く。

今日のお客様のために選んだバラ'モン クゥール'を切り集めて。「咲きはじめの可憐な'モン クゥール'が好き。テーブルに飾ると『かわいい！』と誰もが笑顔になります」

モン クゥール
Mon Coeur

シュラブ／半つる性・伸長2m／四季咲き／花径10㎝・ロゼット咲き／中香／トゲは少ない

しなやかでトゲの少ない枝は扱いやすい。横に広がらず直立に育つので、小さなスペースに向く。花は中心が濃く、外へ向かって淡いピンクに。

美しい藤色のバラ、'ル シエル ブルー'。

ル シエル ブルー
Le Ciel Bleu

シュラブ／半つる性・伸長1.2m／四季咲き／花径8㎝・ロゼット咲き／中香／トゲは普通

ロゼット咲きの優美な花形とはっとするようなブルー系の花色の組み合わせは、他に類を見ない。枝はしなやかで、小型のつるバラとしてもよく、自立させてもよい。

3階の恭子さんのアトリエ。南と北にバラのベランダがある。「北側のベランダでは、バラはアトリエに向かって咲いてくれます。部屋の中からバラを楽しみたいのなら、北側のベランダがおすすめです」。アトリエでは、バラのお茶会やフラワーアレンジの教室などを開催。

5月の風がバラを揺らす
ベランダの「秘密の花園」

ベランダに出て、見上げると、空を背景にやわらかな光に透けるバラの花々。透明な釣り糸を使った「空中誘引」は、ひとつひとつのバラの花や葉、茎や枝の細部までを克明に見せてくれます。戸建住宅のベランダは、外部からの視線を気にする必要のないプライベートな空間です。秘密の花園づくりにも向いていますね。

室内から眺めるベランダでは、5月の風がカーテンを揺らすたびにバラの枝先もふんわり揺れて、その美しさにいつしか夢見心地に誘われます。心の奥底から癒されていく時間。ベランダの空のローズガーデンが、こんなにも豊かなひとときをもたらしてくれるとは!

マイクス オールド ファッションド ピンク
Mike's Old Fashioned Pink

シュラブ／半つる性・開帳・伸長2m／繰り返し咲き／花径7cm・丸弁八重咲き／中香／トゲは普通

整った花形から、中心がクシュクシュとしたクォーターロゼット咲きに。咲き進むと、花弁が外側に反り返る。

インスペクター ブルーム
Inspektor Blohm

ハイブリッド ムスク／つる性・伸長2m／返り咲き／花径5cm・丸弁八重咲き／中香／トゲは普通

咲きはじめは白い花に淡いピンク、やがてベージュ、アプリコットなどが混じる。フリルの花びらの1枚1枚が美しい。

空のローズガーデンを彩るバラたち

ブラッシュ ダマスク
Blush Damask

ダマスク／半つる性・横張・伸長2.5m／一季咲き／花径5cm・ロゼット咲き／強香／トゲは多い

鉢栽培でも長いシュートがよく出て、ベランダのローズガーデンで頼りになるバラ。ボタンアイをもつ。

ベランダのバラの管理

「長く留守にするときは、洗面器40個に鉢を入れて腰水を。自動給水器も活用。鉢植えは、きれいに咲いているものをよいポジションに置き替えられるのもよい点。花の時期の水やりは、朝1回。5ℓのジョウロで7〜8回、20分くらいかけて。葉が多い品種は乾きやすかったり、その品種の特性と置く場所によって水の必要量が異なるので、品種ごとに気をつけて。真夏は2回、夕方から夜にかけて時間のあるときに。長尺の土替えはレジャーシートを広げて鉢を斜めにして上部の土だけ替える感じ。2〜3年に1度くらいですね。完璧はめざしません（笑）。バラの季節は、毎朝、今日は、どのバラが咲いているかな？と、2階に上がるのが楽しみです」

手前のアーチは、左から'マイクス オールド ファッション ピンク'、右からは'セルシアナ'。丈の短いバラは40センチの台にのせて高さを出す。

ワイヤーを張ってバラの枝を編み込むように誘引。枝にある程度の長さが必要なので2.5mくらいは伸びる品種を選ぶ。

空のローズガーデンの
誘引のコツ

1 ベランダの軒下に、建物を傷めないように建築時に数本釘を打ってもらいワイヤーを張る拠点にしている。軒先の雨樋の金具も、ワイヤーを張る拠点として活用。 ワイヤーはペンチでキュッとねじって固定。ステンレスワイヤーの太さは1mmくらいが扱いやすい。
2 釣り糸は透明なのできれいに仕上がるが、堅結びしにくいので、手で結んだ釣り糸の両端を、さらにペンチ2本でしっかり引っ張って堅く結ぶ。**3** 支柱の途中を釣り糸で手すりに結んで風の対策に。

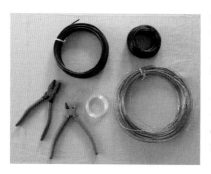

誘引に使う3種類の
ワイヤーとペンチ

ステンレス、アルミ、ナイロンの3種類のワイヤーを使い分ける。ステンレスは強度があってしっかり張れる。アルミはやわらかいので扱いやすい。ナイロンの釣り糸は、伸縮性があるのでピンと張れる。ペンチで引っ張ったりねじったり結んだり。

空のローズガーデンを彩るバラたち

ルドゥーテ バリエガータ
Redoute Variegata

シュラブ／半つる性・伸長 1.2m ／四季咲き／花径 8cm・ロゼット咲き／強香／トゲは多め

'メアリー ローズ'の枝変わりとして誕生した'ルドゥーテ'の、そのまた枝変わり。ひかえめな絞りが美しい。

デュセス ドゥ モンテベロ
Duchesse De Montebello

ガリカ／半つる性・直立・伸長 2 m／一季咲き／花径6cm・カップ咲き／強香／トゲは少なめ

枝はしなやかで扱いやすい。ボタンアイをもつ端正な花を咲かせる。ガリカローズを代表する名花。

ベル ドゥ クレシー
Belle de Crécy

ガリカ／半つる性・伸長3m ／一季咲き／花径6cm・ポンポン咲き／中香／トゲは多め

大きめのポンポン咲きの花の中心にはグリーンアイ。青みを帯びた濃いピンクの花色に心を奪われる。

リビングルームのテラス。左のピンクのバラは'つる 春霞'。鉢に植えた黄色いバラは'ゴールド バニー'。
白モッコウの葉が強い日差しを遮り、過ごしやすい空間をつくっている。

「丘の上の白い家」
繊細なアイアンとバラは
互いを引き立て合うパートナー

ガラス作家の阿部優生子さんが暮らす自宅兼アトリエの丘の上の白い家
に、さらに優美な印象を添えているのがフェンスやトレリスなどの繊細なデ
ザインのアイアンの構造物、そしてそれらに絡ませたバラです。アトリエとリビ
ングのそれぞれにテラスをつくり、手すりやフェンスは友人のアイアン作家さ
んに依頼。「繊細なアイアンとバラは、お互いを引き立て合うパートナーだ
と思っています」と言う優生子さんのセンスによって実現された、美しい暮
らしのスタイルです。

つる春霞
Harugasumi Cl.

クライミング／つる性・伸長3m ／
一季咲き／花径6cm・丸弁半八重
咲き／微香／トゲはほとんどない

白い花を咲かせる'つるサマー ス
ノー'の枝変わりで、こちらは淡い
ピンクの花を房に咲かせる。誘引し
やすいしなやかな枝。

ゴールド バニー
Gold Bunny

フロリバンダ／木立性・半横張・
伸長0.8m ／四季咲き／花径8cm・
丸弁カップ咲き／微香／トゲは少
なめ

その場をぱっと明るくする澄んだ黄
色の花を数輪の房に咲かせる。花弁
の縁にフリルが入り、花もちがよく、
花色は褪色しにくい。

ルーピング
Looping

クライミング／つる性・伸長5m
／返り咲き／花径9cm・半剣弁八
重咲き／微香／トゲは普通

アプリコットオレンジの大輪の花
を数輪の房に咲かせ、鮮やかな色
彩が遠目にも映える。しっかりと
硬めの枝を伸ばし、住まいを美し
く飾るバラ。

1 アトリエのテラス。手すり
に誘引したオレンジのバラ
は'ルーピング'。2 丘の上の
白い家。エントランスのフェ
ンスをはじめ、白い家を飾
るベランダやバルコニーの
繊細なアイアンの意匠が際
立つ。3 フェンス越しに見え
る水田の風景。初夏には田
に引かれた水が光り、夏は
一面のグリーン、秋には稲
穂の黄金色になる。

白い野ばらの花の咲く
森の中のギャラリー

「野間の森」と呼ばれる森の中のレストラン
MIGIWA。1階のデッキに植えられた白い野
ばら、ロサ ムリガニーは、3年で2階の手す
りに届き、そして年に1度、1週間から10日
ほどの間だけ、その清楚な白い花の満開の
美しさを見せてくれます。でも、それでじゅう
ぶん。1年に1度、この光景を見ることができ
れば幸せですね。

2階の手すりに咲くロサ ムリ
ガニーの花を、2階のギャラ
リーの窓から見たところ。コナ
ラの森の新緑を背景に、花の清
涼な白さがいっそう際立つ。

ロサ ムリガニー
Rosa mulliganii

野生種／つる性・伸長5m／一季咲き／花径3cm・一重の花を房に咲かせる／微香／トゲは普通

水平方向に枝をよく伸ばし、たくさんの花を咲かせ、咲いた花の数だけ小さな赤い実をつける。初夏の花と秋の実の両方を楽しめる野ばら。

2階のギャラリーの細いアイアンの手すりに、さらりと絡めたロサ ムリガニーの枝。シンプルな誘引が、このバラの美しさを際立たせている。野生種のバラは、5枚の花弁の一重咲きが基本。ここからスタートして、より大きな花を咲かせ、より華やかに香り、より豊富な花色をと求める人々の果てしない望みに応えてバラは変化を続けてきた。現在、バラの品種数は5万品種を超えると言われる。

マンション7階の
「空の花園」を守る小さな生態系

オーガニックでバラを育てて20数年。マンションの7階にある鵜飼寿子さんのルーフガーデンにはミツバチをはじめ、いろんな虫たちが集まります。バラを食べるのが好きな虫たちと、その虫たちを食べる生き物たちが繰り広げる小さな生態系のドラマ！ 庭仕事の合間に撮影された写真の数々から伝わってくるのは、生き物たちに注ぐ寿子さんの温かな愛情です。（写真・虫の解説／鵜飼寿子）

日当たりも風通しも抜群のマンション7階のルーフガーデンは、ロザリアンでありフォトグラファーでもある鵜飼寿子さんの絶好のフィールド。バラやパンジー、ビオラ、クリスマスローズを使ったフラワーアレンジメントとその写真も注目を集めている。

「バラのそばにいくつも植えているキャットミントには、ミツバチがよく集まってきます。いつもとっても忙しそうで、とっても一生懸命に蜜を吸う様子を見ていると愛おしくて、朝からレンズを向けてしまいます」

ヒラタアブは、ミツバチを小さくしたような、でも平べったい小さなアブです。このヒラタアブを見つけたら大切にしてあげてくださいね。成虫の餌は、花粉や蜜。でもその幼虫は、アブラムシが大好物なのです。よく空中をホバリングしているので、お気に入りのお花の前で待っていると、ちゃんとカメラ目線の写真を撮らせてくれます。目が大きくてすごくかわいい！

このクモは、文字通り花に棲みついているハナグモです。このハナグモは、せっかくできた蕾に穴を開けて枯らしてしまう、バラゾウムシの天敵と言われています。ハナグモは、バラゾウムシだけでなく、時々、ヒラタアブやミツバチも捕まえてしまいますが、バラゾウムシを捕まえてくれるだけでもありがたい存在です。

バラのシーズンになると、どこからともなく現れてくる、『千と千尋の神隠し』に出てくる「釜じいさん」のような面持ちのこの虫。「シオヤアブ」というアブです。羽音が騒がしいのでびっくりしますが、このシオヤアブは、なんと、私の天敵のコガネムシの天敵！幼虫も土の中でコガネムシの幼虫を捕食してくれるそうです。

益虫として有名な、ご存知テントウムシ。アブラムシが新芽につきはじめたら、「これで、テントウムシたちが来てくれる」と嬉しくなってしまう。テントウムシは、親もバリバリ、アブラムシを食べてくれます。幼虫はアブラムシを求めてあちこちをウロウロ探し回っていて、そして、バラの蕾の中で蛹になります。バラの花のその中で羽化するテントウムシ、幸せそうです。

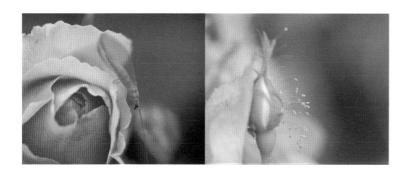

左／透き通った羽をもつクサカゲロウ。クサカゲロウの幼虫も、アブラムシが大好物なのです。右／この糸の先に卵がついているようなものは何？クサカゲロウの卵でした。お母さんはちゃんとアブラムシがいるところを選んで卵を産みつけています。農薬を使わない私の庭には、こんな小さなドラマがいっぱいです。バラを咲かせるための庭ではありますが、私はそんな虫たちの小さなドラマごと、この庭の虫たちが、愛おしくてたまらないのです。

ステムの長さで仕立てが決まる

解説／有本昌子

ステムの長さを気にしてバラを選んでいますか？ ステムとは花枝のこと。品種ごとに異なるステムの長さ、やわらかさで、バラがつくる風景は驚くほど変わるのです。

ステムの短いバラ：左／'バロン ジロード ドゥ ラン'。右／'ベル イシス'

ステムの長いバラ：左／'モーヴァン ヒル'。右／'ポール ノエル'

「このバラ、あの場所に這わせたいんだけど、どう思う？」
そう尋ねられたら、いつもこう聞き返します。
「そのバラ、ステムはどんな感じ？」
ステムとは新芽が伸びて花をつける、その花枝のこと。ステムってバラの品種によって驚くほど長さ、硬さが違うんです。日照条件や剪定によってもその長さは変わります。

■ ステムの短いバラとは

ステムの短いバラは主幹から近い距離で花が咲きます。開花位置を予測できるので限られた面積でたくさん咲かせたい小さな壁面、フェンス等で重宝します。花枝の高さが短く均一にそろうため、面を花で埋めたい時にも扱いやすい。アーチやオベリスクに仕立てれば、ピタッと沿って花が咲くので、構造物との一体感があり美しい。
ステムの短い'バロン ジロード ドゥ ラン'や'ゼフィリーヌ ド ルーアン'は胸元につけたブローチのように、枝に寄り添い咲くバラ。目線の高さに仕立てて優雅な花姿と香りを堪能してみては。'ヨーランド ダラゴン''ベル イシス'など、オールドローズはステム短めで咲き姿の美しいバラぞろいです。

■ ステムの長いバラとは

一方、ステムの長いバラは、自由に伸びて主幹から離れた場所で咲きます。
オベリスクに誘引すると、構造物のラインからピョンピョンと飛び出して散漫な印象です。でも、それがパーゴラや背の高い塀・壁面なら？
ステムがやわらかく、垂れ下がっても咲く品種や、小花が房となり一枝にたくさん咲く品種をうまく用いれば、シャワー状にバラが降り注いで咲く景色が見られるでしょう。
人の思う通りに咲かないからこそ、森に咲くバラのような、自然でやわらかなシーンを創り出してくれます。

また、主幹から伸びて構造物の面よりも浮き上がってバラが咲くため、盛り上がってこんもりと花が咲くような立体的な仕立ても可能です。
うつむきかげんで咲くバラを見上げたいなら、ステムが長くやわらかな'サンセット グロウ''バフ ビューティー'などを高めの位置に仕立ててみるのはいかがでしょう？ 大きな構造物に這わせたいなら、しなやかな枝が旺盛に伸びる'ポール ノエル'は長めの赤いステムで珊瑚色の花を無数につけて溢れんばかりに咲き誇り、夢見心地にさせてくれるバラです。

■ あなたが選ぶのはどんなバラ？

もし窓辺にバラを一本植えるとすれば、あなたならどんなバラを選びますか？
ステムの短いバラなら規則正しく点々と並んで咲き、花で飾りつけた印象に。ステムの長いバラなら風に揺れふわりと咲く、やさしい風景が生まれます。

仕立ての達人はこんな風に言います。
「ステムの短いバラは楽譜通りの旋律。音符の場所で確実に音が鳴る。自分の仕立て通りに咲いてくれる気持ちよさがある。対してステムの長いバラは ジャズ セッション。どこで咲いてくれるのか予測がつかないからこその愉しさがある」

仕立てを成功させるには、庭のどの場所でどんな構造物に沿わせるのかに合わせて相応しい樹形や、枝の特性を持つ品種を選ぶことが大切です。あなたが心に夢見たバラの風景を、あなたの選んだ1本のバラで叶えてみたいなら、そのバラをよく知る誰かに、まずこう尋ねてみてください。
「このバラ、ステムはどんな感じ？」

フェンスにバラが一輪咲くと

フェンスにバラが咲くと、まるでそれが巡り来る初夏の合図であるかのように、庭も野原も緑の色を刻々と深めていきます。

ピンクのバラはロサ ダマスケナ。（滋賀県米原市／ローザンベリー多和田）

マイナス条件をプラスに換えて
北向きのフェンスにバラを咲かせる

住居の裏手は日当たりが悪く、地面には配管が通っているためバラを地植えにできません。そこで5品種のバラは全部鉢植えにして、この北向きのフェンスに誘引しています。すると、どうでしょう！ 根の生育範囲を制限する鉢栽培も、日当たりの悪さも、プラスに働いて、どのバラも低いアーチに収まりきる程度に樹勢が抑えられています。マイナス条件をプラスに換えるバラ栽培の上級者は鈴木明美さん。p54でご紹介している明美さんの南向きのガーデンも併せてご覧ください。

アリスター ステラ グレイ
Alister Stella Gray

ノアゼット／半つる性・伸長3m／繰り返し咲き／花径6cm・ポンポン咲き・中心に黄色を含む花を房に咲かせる／中香／トゲは少なめ

細くしなやかな枝は誘引しやすい。花の中心の黄色がかった杏色は、やがて白く褪色していく。花つきがよく、繰り返しよく咲く。

アンダー ザ ローズ
Under the Rose

シュラブ／半つる性・伸長3m／返り咲き／花径9cm・八重咲きの花を細い枝の先に数輪の房に咲かせる／強香／トゲは多い

枝の先にオールドローズを思わせるシックな深紅色の花をつける。鋭いトゲが多いシュートは硬く、低いフェンスへの誘引には技が必要。

ガール トウム ティッツビエルフ
Gaard um Titzebierg

ハイブリッド ムスク／つる性・伸長1.5m／繰り返し咲き／花径4cm・半八重房咲きの花は濃いピンクから淡く変化する／微香／トゲは少ない

何年たっても新しいシュートが上がり、誘引しやすい。花もちがよく、春から夏まで繰り返し咲き続ける。丈夫で栽培しやすい。

左から、中心が杏色の'アリスター ステラ グレイ'、その上に咲く深紅のバラは'アンダー ザ ローズ'。ピンクの中輪の花は'ルイーズ オディエ'、淡いピンクの小輪の花を房に咲かせている'ガール トウム ティッツビエルフ'。

フェンスもパーゴラも
自分でつくれば思い通り
しかも安上がり！

「庭にあるものは、ほとんどといってもいいくらい自分でつくりました。少々ゆがんでいてもいいんです、気に入らなかったらやり直せるし、飽きたら壊してまた新しいものをつくることも喜びです」と言うのは、千葉県流山市のオープンガーデンのメンバーであり、DIYの庭づくりの実力派の齋藤京子さん。落ち着いたダークグリーンで構造物の色を統一したガーデンは、すばらしく心地よい空間です。

「何より自分でつくると安上がりなこともうれしいですね。庭をつくるときに、業者に依頼する人もいますが、『こんなに楽しい作業を、業者に任せるなんてもったいない！』と考えてしまうのです」と笑う京子さん。そうですね、このお庭を見せてもらうと、思い通りの庭をつくるには、DIYの庭づくりにチャレンジするのがいちばんの近道だと思えてきます。

ダークグリーンのパーゴラに咲くアプリコット色のバラは'コーネリア'。木製の構造物は、色を塗り替えれば庭の雰囲気を大きく変えられるのもよい点。

マダム プランティエ
Madame Plantier

アルバ／半つる性・伸長2m／一
季咲き／花径6cm・ロゼット咲き
／中香／トゲはほとんどない

純白のロゼット咲きの花にグリーン
アイ。清楚な花を数輪の房に咲かせ
る。枝は細めでトゲも少なく、誘引
しやすい。

庭のテーマカラーのグリーンのフェンスに、ふんわりと枝垂れて咲く純白のオールドローズは'マダム プランティエ'。テーブルセットをグリーンにペイントし、テーブルクロスも同系色のチェックに。手前はアカンサス モリス、ツリバナ'アメリカーナ'、フウリンツリバナ、ヤマアジサイ'瀬戸の月'。

風通しを考えたデザインのフェンス。株元からメッシュフェンスの両面に枝を分配して、バラを誘引。左側の淡いピンクの一重のバラは'ラベンダー ドリーム'。右側に数輪見える濃いピンクの一重のバラはコウシンバラ。

「『こんなフェンスが欲しい』と言えば 主人は図面を描いてホームセンターへ！」

「もし、バラを育てていなかったら、どんなにつまらない生活だったでしょう」と言う柳川芳子さん。日々の生活に追われてすっかり忘れてしまっていたワクワクする気持ちを思い出させてくれたのがバラでした。小さなコーナーからはじまったローズガーデンは、いまでは650㎡に広がっています。「バラ園やショップなどで『いいな』って思うフェンスを見たら、次に行くときは主人を誘います。主人に『こんなフェンスが欲しい』と言うと、図面を描いて、いそいそとホームセンターに出かけて行きます。バラの講習会には主人といっしょに行きました。バラのセレクトはすべて私ですが、寒さが苦手な私に代わって、冬の誘引は主人が活躍します」。ご主人と「バラを共有する」ことも、バラと暮らす毎日を心置きなく楽しむための重要なポイントですね。

道路沿いのボーダー花壇のフェンスに、バラと草花が描く5月下旬の景色。杏色のバラは'コーネリア'。右側から枝を伸ばす白いバラは'ボビー ジェイムス'。足元には、クナウティア、セリンセ、リシマキア、ビスカリア、カスミソウなど。フェンスの向こうには明るい初夏の庭が広がる。「'コーネリア'は人気のあるバラです。トゲの少ない枝はしなやかで扱いやすく、きれいな杏色の花をたくさん咲かせて、秋にも返り咲いて、香りもいい。'ボビー ジェイムス'は、枝が硬くてトゲがいっぱい。まさにバラです。でも白い花がかわいくて、秋には赤い小さな実をつける。何もない冬の庭にバラの赤い実。実を食べに鳥も来て。それぞれのバラのよさを楽しんでいます」

'コーネリア'と'ボビー ジェイムス'
2つのバラの個性を楽しんで

フェンスをアプリコット色に彩るバラ、'コーネリア'がピークを迎えると、いよいよ、小関葉子さんの庭でいちばん遅咲きのランブラーローズ、'ボビー ジェイムス'の白い小輪の花が咲きはじめます。ひとつのフェンスに枝を伸ばす2つのバラ、それぞれの個性に触れるのもバラ栽培の楽しさです。

ポール トラソン
Paul Transon

ハイブリッド ウィクラナ／つる性・
伸長5m ／一季咲き／花径5cm・
ロゼット咲き／微香／トゲは普通

トゲはあるが、枝はしなやかで誘
引しやすい。細めの花弁をびっし
りと重ねた華やかな花形。中心に
はボタンアイ。

花弁の外側が白く見える小輪のバラはイベントの個人ショップで購入した'クイン ローズ'。その後、探したが、この名前では見つからないそう。

フェンスからあふれ咲くツクシイバラ。一重のピンクの花と葉のバランスがきれい。(p22~25「ツクシイバラで町を飾ろう」を併せてご覧ください)

左ページ
テリハノイバラの交配種
'ポールトラソン'がフェンスを飾る

寺田まり子さんの庭のフェンスにあふれ咲く'ポールトラソン'。優美なロゼット咲きの花を3～5輪の房に咲かせ、咲き進むと菊を思わせるポンポン咲きに。テリハノイバラを種子親とするそうですが、あの白い小さな一重の花とは少しも似たところのない華やかな花です。でも水平方向へ伸びる枝はテリハノイバラの匍匐性を受け継ぎ、光沢のある「照り葉」もまた母親譲りの特性かもしれません。日本の野生種のバラがさまざまな園芸品種のバラの誕生に果たした役割は大きいのですね。

野生種のバラ
ツクシイバラが暮らしを飾る

ピンク色の小輪の花を房に咲かせて、フェンスから勢いよく枝垂れ咲くバラはツクシイバラ。日本に自生する野生種のバラのひとつですが、暮らしを飾るバラとして、園芸種のバラにひけをとりません。もちろん無農薬でOK。このシーンは、p32の藤田艶子さんの家の東側のフェンスを、お隣の駐車スペースから見たところです。艶子さんと両隣の奥様は、バラがきっかけで仲良くなり、いっしょにバラの栽培を楽しまれているとか。「バラが人と人をつないでくれます」と艶子さん。

光と風をふんだんに浴びて
牧場のフェンスに咲くバラは

同じ品種のバラなのに、まったく別のバラかと思うほど様子の異なる花を咲かせているバラに、びっくりさせられることがあります。栽培環境によって、バラはいろんな表情を見せる植物なのでしょう。長野県の北東部、リンゴの産地として知られる高山村の前田牧場のフェンスに咲く'コーネリア'も、他で見るのとは少し雰囲気が違うようです。光と風をふんだんに浴びて、無造作に組まれたフェンスにのびのびと枝を伸ばして咲く花の一輪一輪が、「私は私らしく生きたいの」なんて、自己主張をしているような、そんな気配が伝わってきます。

スノー ペイブメント
Snow Pavement

ハイブリッド ルゴサ／半つる性・横張・伸長1.5m ／繰り返し咲き／花径8cm・八重咲きの花を房に咲かせる／強香／トゲは多い

濃い緑色の光沢のある葉、透き通るようにやわらかな花弁、すばらしい芳香をもつ。ハマナスの血を引き、耐寒、耐病性にも優れている。

「'コーネリア'の剪定を深くしすぎて花つきが悪くなってしまったり、大きく伸ばし過ぎてフェンスを壊したり、失敗を繰り返しています（笑）。サーモンピンクの花色がかわいくて、秋の花の色はいっそう濃くなります」と前田祥子さん。

人生に一輪の香りのバラを

解説／有本昌子

バラの美しさの半分を占めると言われる「香り」。京都京北の地に誕生したバラ園、『花簾庭』には、訪れた人が実際に香りに触れて、お気に入りの香りの一輪を見つけることができるよう、選りすぐりの7つの香りのバラがそろえられています。品種選定に携わった有本昌子さんは言います。「誰かの胸の中で、いつまでも香り続ける、そんな特別な一輪との出逢いを心から願っています」

ジュード ジ オブスキュア
Jude the Obscure

■ お気に入りの香りの一輪を見つけられるように

「庭が寂しいから何か植えたいの」。そう話す友人を誘い、よくバラ園へと出掛けました。バラは手入れが難しいからと尻込みする友人たちに天然のバラの香りを体験して欲しくて。杏仁豆腐に檸檬に香辛料、想像していた甘美なローズ香だけではない、個性あるバラの香りに、皆驚き、表情が綻びます。夢中で香りをかぎ比べ、好きな香りを見つけるのですが、その香りは人により千差万別。「心地よいと感じる香りは人それぞれ違うのだ」と知りました。そして帰る頃、皆こう言うのです。「やっぱりバラ、育ててみようかな…あの香りのバラを庭に植えたい」。

『和の趣』と『香り』がテーマの京北・香りの里／六ヶ畔・花簾庭の品種を選定することになったとき、真っ先にバラ園での友人たちを思い浮かべました。訪れる方がお気に入りの香りの一輪を見つけることができるよう、7つの香りのバラを選ぼう。混じり気のない天然の澄んだバラの香りを味わってほしい。

開花期にはバラ園一帯が香りで満たされます。ワインのテイスティングさながら、思い思い香りを確かめ散策されるため、来園者の滞在時間の長いのも花簾庭の特徴です。

ミルラ香の'ボスコベル''ウォラトン オールド ホール'。スパイス香の'ニュー イマジン'。ティー香の'ダフネ'。ミルクティーの香りの'結（ユイ）'。ブルー香の'しのぶれど''夜来香（イエライシャン）'。ダマスク香のバラはたくさん選びました。'マダム アルディ''アントニア ドルモア'…そしてアルバローズの'ジャンヌ ダルク'。初めてこのバラの香りを確かめたときの、心臓をぶち抜かれたような衝撃を今も忘れられません。輪郭のくっきりしたダマスク香に一本筋が通った檸檬やウッドのような清涼な香りがあり、楚々として可憐な白バラの香りの、まあ凛凛しいこと。「甘いだけじゃないのよ、私は」。まるでそう言ってるみたいで。

■ バラの香りには人の心を動かす力がある

オールドローズ系の香りの'ガートルード ジェキル'に'ハーロウ カー'。現代バラは様々な系統間の交配を重ねた結果、ダマスクにフルーツやティーが混じる等、複雑な香りのバラが多いと感じます。

フルーツ香の'ボレロ''サンセット グロウ'。そして私の愛する香りのバラ、'ジュード ジ オブスキュア'。産毛が生えたようなやわらかな丸い蕾は開くと強い檸檬の香りがします。一輪飾れば部屋が柑橘の香りで満たされ、至福の気分を味わえます。バラを通じて知り合う男性に好きなバラの名を訊ねると悉くこのバラの名が返るので、「もう私たちジュード党を結成しようよ！」そんな冗談を言い合うくらい男性陣の心を掴み、じつはお子様にも人気のバラです。

このバラを一輪差し上げた知人の、小学一年生の娘さんの言葉が今でも忘れられずにいます。「学校でイヤなことがあっても、このバラの匂いをかぐと忘れられるの」。彼女の気持ちが私には痛いほどわかります。私自身初めてバラを植えたのは、じつは海外で暮らしたときのことです。慣れない異国の暮らしに寂しさで一杯のとき、庭で一輪咲いたバラの香りが私の心に寄り添い、前へと進むきっかけをくれた。あのとき植えたバラの品種名はわからないけれど、その香りは今でもはっきりと想い出せます。

「バラの香りには、人に寄り添い、人の心を動かす力がある」。私が香りのバラにこだわる理由がここにあります。バラの蕾は香りの成分を閉じ込めていて、気温が上がり切る前の早朝、少しずつ開くバラほど上質な香りがします。

バラ園に1日いると女性の肌が輝き、表情がやわらぐ、そんな話を聞いたことがあります。バラの香りをかぐことで森林浴同様の鎮静効果やストレス緩和効果があることも知られています。

好きな香りを探しにバラ園を訪ね、とっておきの一輪のバラの香りをあなたの暮らしに添えてみませんか？

『人生に一輪のバラを』

誰かの胸の中で、いつまでも香り続ける、そんな特別な一輪との出逢いを心から願っています。

木格子・瓦に映えるバラ

さりげない木格子にバラを合わせてみると、どうでしょう！ しっくりと心に沿うバラの景色が生まれます。「木」という自然素材の懐の深さを感じます。

木格子に咲く'アルベルティーヌ'。（千葉県佐倉市／佐倉草ぶえの丘バラ園）

プレーヌ ドゥ グラース
Pleine de Grace

シュラブ／半つる性・伸長3m／一季咲
き／花径3cm・一重の花を房に咲かせる
／強香／トゲは普通

バラの原点とも感じられる素朴な美しい
花、それでいて華やかさがあるのは親のバ
レリーナの血を引いているから？ 長く伸び
る枝、光沢のある葉は片親がフィリペスで
あることを偲ばせる。香りがよく、秋の実
つきもすばらしい。

バラの美しさを引き立てる
やさしい「木格子」

野ばらを思わせる可憐な初夏の白い花。初冬の日差しを浴びてきらきらと輝
く小さなバラの実。誘引と剪定を終えた清々しい真冬の光景。つる性のバラ
を沿わせた木製のフェンス、「木格子」の自然素材のやさしさが、どの季節
にもバラを引き立て、美しい景色をつくりだしています。千葉県佐倉市の『草
ぶえの丘バラ園』は、ヘリテージローズ（文化遺産のバラ）として守られてき
た野生種のバラとオールドローズを系統別に集めたフィールドミュージアムで
す。現代バラへとつながるバラの歴史をたどりながら園内を歩くと、ひとつ
とつのバラの特性を生かすように工夫されたみごとな仕立て方から、バラを
管理する方々の愛情がひしひしと伝わってきます。

『佐倉草ぶえの丘バラ園』。千葉県佐
倉市の施設「草ぶえの丘」内にあり、
NPOバラ文化研究所が運営を委託さ
れ、ボランティアで植栽管理を行って
いるフィールドミュージアム。2015
年には「世界バラ会連合 第17回世界大
会」で「優秀庭園賞 Award of Garden
Excellence 2015」を受賞。世界中のバ
ラ愛好家たちから愛されるガーデン。

ロサ ムルティフローラ
カタイエンシス

Rosa multiflora var. cathayensis

野生種／つる性・横張・伸長2m ／一季
咲き／花径3cm・一重の花を房に咲かせ
る。／微香／トゲは普通

白い花弁の縁をピンク色に染めた可憐な一
重の花を咲かせる。江戸末期の『本草図譜』
にはサクライバラと記載。ノイバラとコウ
シンバラの自然交雑種とされる。

木格子がつくる「和の趣」

京都市右京区の北部に位置する「京北」と呼ばれる地域は、古くから都に暮らす貴人たちの隠れ里として知られてきました。その京北に、「ガーデンをつくってみないか」と土地のオーナーから託されたランドスケープアーキテクトの居場英則さん。初めて訪れた緑豊かな京北の地に、「日本の原風景」を感じ、その里山の風景に調和する「和の趣のバラ園」をつくってみたい、と思ったそうです。2019年、桂川の清流沿いに開園した「京北・香りの里 六ヶ畔 花簾庭」（通称「京北バラ園」）は、バラ園のコンセプトである「和の趣」を表現するさまざまな意匠が凝らされ、その中のひとつに「木格子」があります。焦茶色に塗られた木材を組んだシンプルな木格子は、バラの美しさを引き立て、さらに、どこか懐かしく心休まる雰囲気をつくりだしています。バラの庭に心地よい落ち着きを添えたいとき、取り入れたい木格子です。

パープル スプラッシュ

Purple Splash

クライミング／つる性・伸長2.5m ／返り咲き／花径6cm・丸弁八重咲き／微香／トゲはまばら

赤紫に白の染料を散らしたような絞り模様が着物を想わせる花。誘引しやすく、しなる細枝一面に咲いて、格子や板塀なら和の趣き、白い背景ならモダンな印象に。ステムは短い。

平瓦をのせた木格子の左から、赤と白の平咲きの絞りのバラは'パープル スプラッシュ'、中央のピンクの中輪房咲きのバラは'エクセレンツ フォン シューベルト'、右端の丸弁八重咲きの赤紫と白の絞りのバラは'ニュー イマジン'。

パルフェ タムール

Parfait Amour

シュラブ／つる性・横張・伸長 2.5m ／返り咲き／花径 3cm・小輪房咲き／スパイス香／大きなトゲ

夜明けの空の如き青紫に、星のような金のシベの小花が房となり一面に咲く。放射状に出る枝は剛直でステムは長め。平面から浮き気味になるのを生かした立体的な仕立てが美しい。

モーヴァン ヒル

Malvem Hills

ランブラー／つる性・直立・伸長 3m ／返り咲き／花径 4cm・小輪八重房咲き／中香ムスク／トゲはほとんどない

ふわふわと小鳥の羽のようなカナリーイエローの花はライムグリーンの枝と相まってやさしい印象。トゲのない枝は素直に上へと伸び、大型化する。誘引が愉しめるバラ。ステムは長め。

ゴールデン セレブレーション

Golden Celebration

シュラブ／半つる性・開帳・伸長 2m ／返り咲き／花径 12cm・カップ咲き／ティーの後フルーツ香／トゲは少なめ

光が透ける薄い花弁が幾重にも重なり、燦然と輝く黄金色のバラ。フルーツ香は男性に人気。しなやかな枝が弧を描き、花はうつむきがちなので目線より高めに咲かせたい。ステムは長め。

京北・香りの里／六ヶ畔 花簾庭

個人のプライベートガーデンですが、6月初旬週末のみ公開される予定です。

https://www.dinos.co.jp/garden/hide/

にて最新情報(5月頃告知予定)をご確認ください。

「門冠りのフランソワ ジュランヴィル」が
黒い瓦に美しく映えて

「バラも草花も樹木も、風に揺れるような、やさしげなものが好きです」と言う庭主の井坂美代子さんは、マツやツゲやツツジの庭をバラの庭に変えました。かつて「門冠りの松」があった場所には、ご主人が木製のアーチを設置。ステムが長く、枝垂れて咲くバラ、'フランソワ ジュランヴィル'を植え、風に揺れる風情を楽しんでいます。はじめのうちは、バラと名がついていたら何でも、の勢いでバラを増やしていた美代子さんですが、いろんなバラを見ているうちに、「似合わないバラ」がわかってきたそうです。竹林と水田を背景に黒い瓦が美しい「日本の暮らしのテイスト」にしっくりと合うバラが心地よく、自然に残っていきました。「これからも長く庭を楽しみたいから、樹木や宿根草を増やして、ローメンテナンスの庭をめざしています」

羽衣
Hagoromo

クライミング／つる性・伸長3m
／四季咲き／花径10cm・半剣弁
高芯房咲き／中香／大きめのトゲ

枝はしなやかで誘引しやすい。ステムは短く、前年伸びた枝の元から先まで桃色の花を盛大に咲かせて、見応えのある景色をつくる。

鈴木省三さん作出の名花'羽衣'。「樹形が整っていて、手がかからなくて、いつ見てもいいバラだなって思います」

「かつては 門冠りの松があったんですよ。いまは門冠りの'フランソワ ジュランヴィル'がやさしい香りで私を出迎えてくれます。枝垂れて風に揺れる姿が好きで、いつまでも眺めていたくなります」。アーチはご主人、哲男さんのお手製。

フランソワ ジュランヴィル
François Juranville

ハイブリッド ウィクラナ／つる性・横張・伸長5m ／一季咲き／花径7cm・八重咲きの花を房に咲かせる／中香／トゲは少ない

しなやかな枝は匍匐するように横に伸び、下垂した枝にも花をつけるので、誘引の自由度が高い。花後は光沢のある葉を楽しめる。

キング

King

クライミング／つる性・伸長5m
／一季咲き／花径３㎝・八重咲き
の花を房に咲かせる／微香／トゲ
は少ない

ローズレッドの花は艶やかで、ぱっ
と目を引く。トゲは少なく、枝はし
なやかで扱いやすい。日本の庭先で
長く愛されてきた丈夫なバラ。

1 瓦をのせた土塀に、'ポールズ ヒマラヤン ムスク'の伸長力のある枝を、自然樹形を生か
してふんわりと配置。**2** 水田越しに華やかにバラの咲く様子が望める井坂邸。「主人が田植
えをする頃からバラが咲きはじめます」。田植えを終えた水田が清々しい里山の景色に、庭
からあふれるバラの花々が深紅やピンクの色彩を添えている。

京都美山の里山に
弧を描いて枝垂れ咲く
'ローズマリー ヴィオー'

弧を描いて大きく下垂する枝に八重咲きの小輪の花を房に咲かせる'ローズマリー ヴィオー'。日本のノイバラを交配に用いた「ハイブリッド ムルティフローラ」と呼ばれるグループに属すバラです。野山に自生するノイバラは、傍にうっそうと繁る木々に枝を伸ばし、光の届くところをめざしてたくましく這い上り、下垂する枝にたくさんの花を咲かせる……そんな様子を連想させる光景です。'ローズマリー ヴィオー'の赤紫の花は、ブルーイングが進むとグレーを帯びて、いっそう美しい花色に。

ローズマリー ヴィオー
RoseMarie Viaud

ハイブリッド ムルティフローラ／つる性・開帳・伸長3m ／一季咲き／花径3.5cm・八重咲きの花を房に咲かせる／微香／トゲは少なめ

'ファイルフェンブラウ'の実生。広い空間にのびのびと枝を伸ばし、小輪八重咲きの花を枝いっぱいに咲かせてみごとなシーンをつくる。細かいトゲがあるが、枝はやわらかく誘引しやすい。

1 入り口に枝垂れ咲く'バフ ビューティー'。**2** 焦茶色の板壁を背景にバラとレトロな外灯がつくりだすノスタルジックな光景。

バラと板壁がつくる
心地よい暮らしの意匠

「人は昔から見慣れた風景を心地よいと感じるし、白や黒や茶色など、お寺や古民家などの配色にホッとしますよね。そんなガーデンを施工したいと思っています」と、造園家の田口裕之さん。濃い焦茶色に塗られたショップの板壁に、バラ'バフ ビューティー'のシックな花色がよく似合います。和風とか洋風とか、分類する必要のない、「心地よい暮らしの意匠」です。

プロスペリティ

Prosperity

ハイブリッド ムスク／つる性・伸長3m
／繰り返し咲き／花径6cm・丸弁八重咲
きの花を房に咲かせる／中香／鋭いトゲ

「繁栄」の名前の通り、花つきがよく春
には白い花が株をおおうほど。秋の花
は花形が引き締まっていっそうきれ
い。半日陰でも花をつける。

3 板壁に枝を伸ばす
白いバラは'プロスペ
リティ'。「この色の
壁は、どのバラを合
わせても絵になりま
す」と田口さん。

円弧を描きながら
バラは壁面を駆け上がる

取材／有本昌子　写真／居場英則

街に向かって開かれたオープン外構の建物壁面を10種類のつるバラが飾ります。バラの枝が壁面を勢いよく駆け上がってゆく誘引のキーワードは「青海波（せいがいは）」。ランドスケープアーキテクト、居場英則さんの自邸の前庭です。

5月中旬、前庭の外壁の遅咲きバラがいっせいに咲きはじめる。庭のエリアごとに花期をそろえることで美しいデザインが成立。

白い割肌タイルの外壁にビスを50cm間隔で打ち込みワイヤーを20cm間隔で7段張っている。同心円の誘引が集まって青海波をつくる。

つるバラは、思い描く風景を実現するのに適した植物です。壁面をおおい、建物と一体化し、街並みの風景を変えることができます。日々の暮らしの中で、目にする庭が美しいデザインだと充足感があり、暮らしの質も高まります。『暮らしの風景をデザインする』。それは居場英則さんの庭づくりの根幹を成すコンセプトです。

■ 壁庭のデザインで重要なことは

壁庭をデザインする上で居場さんが留意したのは次の5点です。

(1)花色の調和　(2)花期の統一　(3)青海波誘引
(4)背景とのバランス　(5)地植えと鉢植えの併用

バラは色数を増やし過ぎて雑然としないよう、深紅から淡いピンクへと赤色系のグラデーションで配置し、いっせいに開花するよう遅咲き品種に統一。中庭へと続く開口部の右側の壁は、下から小輪の'レッド キャスケード''チェビー チェイス''キング'。開口部の左側からは、淡いピンクのバラ'ジャスミーナ'が枝を伸ばし緩やかなアーチをつくっています。この'ジャスミーナ'はステムが長く、長い枝先にブーケ状の花をたくさん咲かせるので、

その重みで花が枝垂れて咲きます。そこで、なるべく上部に持ち上げて、上から滝のように咲かせるのが誘引のポイントです。さらにその左からは、鮮やかなマゼンタ色のバラ'パレード'が、円弧を描きながら、壁面を駆け上っていきます。

■ 平安な暮らしへの願いを込めた青海波の紋様

ガラス扉を囲むようにアーチ状に誘引したのが、円弧を描く誘引の発端でした。開花までの期間も美しく見えるようにと、居場さんが編み出したのは枝で波紋を描く『青海波誘引』。青海波とは、同心円の一部が扇状に重なり合い無限に広がる波模様に、未来永劫続く幸せや平安な暮らしへの願いを込めた吉祥文様です。バラの描く円弧が波のように重なり、青海波の文様を表現しています。敢えて余白を残し、白い大理石タイルの背景と赤薔薇の双方が引き立つよう『余白の美』が意識されています。前庭に土面が少ないため、地植えと鉢植えを併用。新品種導入時に開花期や花色を試してみたり、地植えで成長し木質化して花芽のない箇所を補うなど鉢植えのつるバラも活用されています。

壁面に張ったワイヤーは耐久性の高いステンレス製で、♯20番のしっかりしたもの。ビスは長さ3cmほどの平ビスで、茶色で目立ちにくいものを使用。壁の白い割肌タイルの目地に直接ネジを打ち込み、防水性が求められる部分には硬化性の接着剤を使ってネジを固定しています。

居場英則／登録ランドスケープアーキテクト(RLA)＊、一級建築士、一級造園施工管理技士。『庭を変え、街の風景を変えること』を人生の目標、ライフワークとする。写真は居場さんの自宅。バラの咲くオープン外構の前庭が評判。

＊地球環境時代における美しい都市・地域づくりを担う「ランドスケープアーキテクチュア」業務を遂行するのに必要な、知識・技術・能力を持つ技術者としての認定を示す資格。

窓辺のバラの物語

鉢植えのバラを置いてもいいし、地面があれば地植えにして、窓辺にバラを誘引します。風が吹くとバラの葉がゆらゆら揺れて室内に庭の気配を届けてくれます。

淡いピンクのバラは'南部ざくら'。(栃木県那須町／コピスガーデン)

シャポー ドゥ ナポレオン
Chapeau de Napoleon

ケンティフォリア／半つる性・伸長1.5m／一季咲き／花径7cm・ロゼット咲き／強香／トゲは多い

モス(苔)状の突起のついた蕾はナポレオンの帽子を思わせる独特の形。蕾が割れると、ローズピンクのロゼット咲きの花が姿を現す。

1 ブルーグリーンの家の南面には白いバラ'つる アイスバーグ'と'スノーグース'。手前の斜面の庭は、中央に石を組んで階段をつくるところからスタート。
2 ボタニカルアーティストの芝田美智子さんの作品が並ぶ室内。3 芝田誠さん、美智子さん夫妻。

植物画家が選んだ
バラにいちばん合う壁の色

芝田美智子さんは、植物画家、ボタニカルアーティストです。ご主人といっしょに東京のご自宅から週末ごとに通い、二人でつくってきた山中湖村のガーデンは、画家の視線が細部まで届いていることを感じさせる完成度の高さです。

「壁の色は、いちばんバラに合いそうなこのブルーグリーンを選びました。玄関の白い扉の右側の壁面には、淡いピンクのバラ、'ファンタン ラトゥール'と、引き締める色が欲しかったので、深い紫色のクレマチスのニオベ。左側の窓には、まわりを囲むように濃いピンク色のバラ、'シャポー ドゥ ナポレオン'を。もう少しで薄紫色のクレマチス、'プリンス チャールズ'が咲きそうです」。冬はマイナス20度にもなる、寒さが厳しいこの土地では、そのぶん、初夏にいっせいに咲く植物の花色が、ひと際鮮やかです。

窓の左側のピンクの
バラは'ファンタン
ラトゥール'、右側の
白いバラは'つるサ
マースノー'。

つる サマー スノー

Summer Snow Cl.

クライミング／つる性・伸長3m
／返り咲き／花径6cm・半八重房
咲き／微香／トゲはほとんどない

トゲのない、しなやかな枝は誘引
しやすく、ステムは短めで、花つき
がよい。いろいろな仕立てに向く、
白いつるバラの名花。

南欧調のレンガと瓦がつくる
美しいバラの舞台

「事務所の中から見る窓辺のギスレーヌと、エントランスゲートの屋根まで届く'ティージング ジョージア'のシーンが、いちばんのお気に入りです」と言う大澤成子さん。「南欧風」に建て替えた住居のテイストに合わせて、ご主人の靖男さんがゲートやガーデンリビングなどのおしゃれな構造物をつくり、それらの構造物を美しく引き立てる植栽を成子さんが担当してきました。大澤邸の敷地に一歩入ると、そこはまさに別世界! 明るいオレンジ色の壁を上って屋根をおおうバラがつくりだす華やかな光景が見る人の心を引きつけて離しません。

自宅事務所の窓辺には黄色のグラデーションが美しい'ギスレーヌ ドゥ フェリゴンド'。赤いバラは'ルージュ ピエール ドゥ ロンサール'。裏庭への扉の右側にはピンクのバラ、'つる 春霞'。

以前は普通の車庫だった建物をリメイクしたガレージ。小さなレイズドベッド状の花壇からは、白いバラ、'つる サマー スノー'が暖炉の煙突まで届きそうな勢い。足元の花壇からはクリームイエローのバラ'バフ ビューティー'がティールームの窓辺を飾る。

ティージング ジョージア
Teasing Georgia

シュラブ／半つる性・横張・伸長
2.5m／返り咲き／花径10cm・ロ
ゼット咲きの花を数輪の房に咲か
せる／強香／トゲは多い

花弁の外側の淡い黄色を見せなが
ら、うつむきかげんに降るように
咲く。枝は硬めでトゲが多いので、
細かな誘引は向かず、流れ落ちる
ような誘引がふさわしい。

靖男さんがデザイン施
工した大澤家のエント
ランス。屋根をおおうほ
ど育った黄色いバラは
'ティージング ジョージ
ア'。白いバラは'つるア
イスバーグ'。

'メイ クイーン'の剪定と誘引

「12月になったら、'メイ クイーン'の誘引・剪定がはじまります。毎年、鋭いトゲに作業着をからめとられて、引っ張られ、破けて、妻に怒られます。来年の壁を思い浮かべながらの誘引と剪定の作業は楽しいです。去年、'メイ クイーン'といっしょに壁に誘引している'ランブリング レクター'に虫が入ってしまい、枝を減らしました。今年はますます'メイ クイーン'に壁の多くの部分を埋めてもらわなければなりません。毎年、悪戦苦闘しながら、壁から外して誘引し直してきた'メイ クイーン'も、10年以上たって、シュートが出なくなってきました。新しいシュートに更新しなくなってからは、太い枝はそのままに、枯れた枝を落とし、不要な枝を整理して、必要な場所に枝を誘引し直しています。細かい枝にも花をつけるので、2芽を残して枝にハサミを入れています」

メイ クイーン
May Queen

ハイブリッド ウィクラナ／つる性・伸長6m／一季咲き／花径7㎝・ロゼット咲き／微香／トゲは細くて鋭い

しなやかに伸びた細い枝を埋め尽くすように、青みがかったピンクの花が旺盛に咲く。壁やパーゴラなど広いバラのシーンをつくるのに向く。

庭の主役の座を勝ち取ったバラは「5月の女王」

「友だちの庭で窓辺に咲いているのを見て、一目惚れしたのが'メイ クイーン'とのつき合いのはじまりです。窓辺を飾るイメージで植えた'メイ クイーン'はすくすくと枝を伸ばし、それまで壁で幅を利かせていた'ポールズ ヒマラヤン ムスク'を追いやりながら、数年で私の期待に応えるように壁面を埋めました。春の花つきはすばらしく、私の庭の春の主役になりました」

庭主の黒田和重さんが言う通り、窓辺と壁面を数えきれないほどの花でおおう'メイ クイーン'は、まさに5月の庭の女王の風格を漂わせて庭に君臨しています。

壁面のピンクのバラは'メイ クイーン'、壁の右端にはオレンジ色のバラ'アルケミスト'。手前上部で後ろ姿を見せている白いバラは'つる サマー スノー'。半日陰になる壁の前には、2メートル近くの丈に育つギボウシ'エンプレス ウー'やブルーの葉が美しい'ビッグ ダディ'。黄金色の葉のアジサイ'ゴールド リーフ'。斑入りのアジサイ'九重山'。さらにシャガ、ナルコユリ、剣葉のフウチソウなど日陰に強い植物がぎっしり。

群舞

Gunmai

ハイブリッド ムルティフローラ／
つる性・伸長3m／一季咲き／花
径2cm・半八重房咲き／微香／ト
ゲはほとんどない

小さな桃色の花を房に咲かせて、
かわいらしくナチュラルな景色を
つくる。トゲのないしなやかな枝
は誘引しやすい。

ウェイド・ブルーの扉に映えて
降り注ぐバラは '群舞'

ウェイド・ブルーの扉がぱっと目を引くシェッドのある村井有子さんの花
園は広さ518㎡。シェッドの窓辺には、庭から切ってきたバラが飾られ
ています。2014年に、太田市が主催するガーデニングコンテストでの金
賞受賞をきっかけに、「おおたフラワーメイト」のメンバーとしてオープ
ンガーデンへの参加をはじめました。「オープンガーデンに参加するよう
になって、たくさんの方が庭に来てくださるようになりました。コロナ禍
の自粛でオープンできない年が続きましたが、散歩で通りがかった人に、
『見れてよかった。ありがとうね』と言われて、涙が出てしまいました。
庭があってほんとうによかったと思います」

フィネス

Finesse

フロリバンダ／木立性・伸長1.2m
／四季咲き／花径8cm・丸弁八重
咲き／中香／トゲは少なめ

ローズピンクの香りのバラ。花つ
きがよく、丈夫で、秋まで繰り返し
よく咲く。

キッチンの2つの窓
それぞれにバラを飾れば

「バラの季節になると、キッチンに立ってもバラに目
が行ってしまって、お料理どころじゃありません。う
れしくて、楽しくて、浮かれていると、娘から『今日の
鼻歌はヨハン・シュトラウスの春の声だね』って笑わ
れたりします」と言う中村恵美佳さんにとって、キッ
チンにいるときもバラを身近に感じていられることは
とても重要です。窓辺に置いた牛乳瓶には'ポールズ
ヒマラヤン ムスク'の枝を挿し、キッチンの外のバル
コニーには台を置いて、その上にちょうど見頃のバラ
の鉢を並べて。もうひとつの窓には、ランブラーロー
ズの'フランソワ ジュランヴィル'を枝垂れ咲くように誘
引して、美しい花の後ろ姿や、5月の日差しに透ける
葉を楽しんでいます。

キッチンの窓から
見えるように台の
上にバラの鉢をの
せて。ピンクのバ
ラは'フィネス'。

石造りのカフェの窓から見える、庭に咲くナニワイバラと、角力灘（すもうなだ）の海と、池島、母子島、大角力（おおずもう）の島々。

海を見下ろすカフェの
小さな庭に咲く
純白のナニワイバラ

カフェの窓から、古い石垣の上につくられた小さな庭が見えます。角力灘の海を背景に咲いている白い花はナニワイバラ。長く弧を描いて伸びる枝から紅色を帯びた短い花枝が立ち上がり、その先に一輪ずつ、純白の花を咲かせます。花芯を囲む5枚の大きめの花弁は、金色のシベとの対比によってその白さを際立たせ、何か崇高なものを感じさせる凛とした気配を放ちます。

ナニワイバラは「背景」を選ぶバラです。たとえば黒や焦茶色に塗られたシックな板塀は、この純白の花の輪郭を美しく浮き上がらせます。コンクリート打放しのグレーベージュの壁は、花を咲き終えた後の光沢のあるきれいな葉を引き立てます。カフェのあるこの地域の古い石垣や石造りの壁の雰囲気は、ナニワイバラを生き生きと見せてくれます。そして、青い海を背景に咲く純白のナニワイバラは生気に満ち満ちて、新鮮な美しさをあたりに振りまいています。

古い石垣の上に咲くナニワイバラ。世界文化遺産の大野教会堂には、駐車場から階段を上がって、このカフェの庭の中の小道を通って行く。庭はオーナーのお母様の小溝玲子さんが担当。

隣の出津地区とともに外海町の大野地区の古い石垣の景観は、「長崎市外海の石積集落景観」として注目されている。カフェの庭は、その古い石垣を生かして自然な雰囲気に。

明治時代にフランスからここ、西彼杵半島外海町に赴任してきた宣教師マルク・マリー・ド・ロ神父は、キリスト教の布教活動の傍ら、貧しい人達のために社会福祉活動に尽力した。1893年にド・ロ神父が私財を投じて信徒とともに建てた石造りの大野教会堂（重要文化財）は、この土地から産出される石を使った「ド・ロ壁」が特徴の民家風の建築で、2018年、世界文化遺産の一つに登録された。大野教会堂の駐車場近くに位置するcafe OZIMOCの建物は、オーナーの小溝 淳さんが、10年の歳月をかけてつくり上げたもの。壁は大野教会堂の「ド・ロ壁」を模して、この土地産出の石で組んでいる。

ナニワイバラ

Rosa laevigata

野生種／つる性・伸長5ｍ／一季咲き／花径6cm・一重咲き／微香／トゲが多い

純白の花弁に黄色のシベが際立つ一重の清楚な花を咲かせる。光沢のある照葉を冬も落とさず、関東以西の平地では常緑。関東ではモッコウバラと同じくらい早く咲く。

バラの季節の草花図鑑

解説／片寄敬子

「私の庭で無農薬で自然に任せて育ててみて、小さな庭で使いやすくて育てやすい、お気に入りの宿根草と一年草をご紹介します。地域や庭の条件によって、植物の生育は違うので、ひとつの例として見ていただければよいかと思います」

片寄敬子／茨城県水戸市内の自宅の庭で、バラと草花が自然な雰囲気で咲く無農薬の庭づくりを実践。七ツ洞公園MEG会員。ブログ「やさしい庭」で庭の話題を発信。

植えたまま管理できる 宿根草

リナリア プルプレア

ゴマノハグサ科　草丈60cm
こぼれ種でいろんなところに顔を出し、絶えることがありません。花色は白とパープルとピンクも。

バーバスカム'サザン チャーム'

ゴマノハグサ科　草丈70cm
種を採取してポット苗をつくります。ニュアンスカラーが美しくて、色違いで何本も欲しくなる。

ペンステモン'ハスカー レッド'

ゴマノハグサ科　草丈70cm
こぼれ種でも株分けでも増える丈夫な植物。花のない時期を銅葉をカラーリーフとして楽しめます。

ゲラニウム サンギネウム'アルバム'

フウロソウ科　草丈30〜40cm
花径2.5cmほどの白い花がフワフワと咲き株は形よくまとまる。育てやすく株分けでも増やせます。

ホルデューム ジュバタム

イネ科　草丈30cm
細く繊細な穂は美しく、光と風を運んできて、庭に動きを出してくれます。こぼれ種で増える。

クロバナフウロ

フウロソウ科　草丈60cm
渋めの花は和にも洋にも合わせやすい。暑さには弱いので半日陰で。種や株分けで増えます。

ホタルブクロ 白花八重

キキョウ科　草丈40cm
白のホタルブクロは数年で紫になることがありますが、この花には白のままでいて欲しい。

ダイアンサス'ブラック ベアー'

ナデシコ科　草丈50cm
黒赤の渋い花は庭の引き締め役に。種を採取してポットで増やし、ストック用にも。

こぼれ種で増える一年草

シノグロッサム'インディゴ ブルー'

ムラサキ科　草丈50cm
こぼれ種だけでじゅうぶんで、間引くほど。ピンクとブルーの交配で、2色が混じった花ができることも。

ヤグルマギク

キク科　草丈60cm
自然交配でいろんな色の花が生まれます。種から育てるものは花が咲くまで色がわかりません。

シレネ'サクラコマチ'

ナデシコ科　草丈60cm
イヤというほどこぼれ種で増えるので不必要な分は間引いて。他の植物と合わせやすい房咲きの小花。

ニゲラ'グリーン マジック'

キンポウゲ科　草丈70cm
全体がグリーンのニゲラ。切り花としてアレンジメントにも。こぼれ種だけでなく種の採取も。

ラークスパー'ブルー ピコティ'

キンポウゲ科　草丈1m
こぼれ種で増えますが、庭友だちのために種まきも。'アール グレイ'もおすすめ品種です。

ニゲラ'アフリカン プライド'

ゴマノハグサ科　草丈50cm
黒赤の花芯がシック。繊細な葉が美しく、実は風船のようにふくらんでかわいい。こぼれ種で増えます。

オンファロデス

ムラサキ科　草丈30cm
シルバーがかった葉は美しく、かわいい花はどこにでもなじむ。蒸れに弱いので、ドライな場所で。

スイートピー'マツカナ'

マメ科　草丈2m
蝶のような花がかわいい。つる性なのでバラといっしょに誘引するのをおすすめします。

バラの香るパーゴラとベンチ

バラの庭に欲しいのは座る場所。ベンチを置くだけでもいいけれど、もしもパーゴラをつくったら、顔の位置まで枝垂れさせてバラの香りを楽しみます。

黄色いバラは'バフ ビューティー'、小輪の淡いピンクのバラは'ポールズ ヒマラヤン ムスク'、右手前のピンクの花穂はジギタリス、その隣には、葉の白と緑のコントラストが美しい斑入りアジサイ、足元には紫の花と葉色が美しいラミウム。「ベンチの後ろに壁をつくったのは、ポーチガーデン風にしたいと思ったから。居心地のよい場所になりました」
（兵庫県多可町／吉本優さん・啓子さんの庭）

右のページのパーゴラの柵に絡ませた白い小輪のバラは'マダム プランティエ'。枝も花茎も細くしなやか。日陰でもよく咲いてくれる。

白い花は自然に出てきたノイバラ。明るい黄緑色のグラウンドカバーの植物は、リシマキア ヌンムラリア 'オーレア'。サビたオイル缶やバケツに多肉植物を植え込んで。

大切なのはバラをよく見て
特性を生かして仕立てること

「パーゴラにバラを仕立てる理由？ コンセプト？ うーん、花が上から枝垂れて咲いているのを見るのが好き、ということかな？」と熊井智恵子さんが言うと、なるほど、庭づくりには理由もコンセプトも必要ないよね、と妙に納得してしまいます。

「ほら、'マダム プランティエ'の枝は、繊細でとても細いの。細い枝がたくさん出るから、混んでいるところをすかすように剪定します」「'デュシェス ダングレーム'？ しなやかな枝の先に花を咲かせるこのバラは、花が重くてうつむいてしまう。だから枝を一度上に持ち上げて、上から枝垂れさせるようにするの。そうすれば、美しい表情がよく見える」

そう、バラの庭づくりに必要なのは、ひとつひとつのバラをよく見ていて、それぞれの個性をよく知っていること。あとは花への愛情、ですね。

デュシェス ダングレーム

Duchesse d'Angouleme

ガリカ／つる性・伸長2m／一季
咲き／花径7cm・八重咲き／強
香／トゲは少ない

花首が細く、うつむきかげんに咲く
花は薄く透き通るようなピンク。
咲き方も花色も、自己主張せず、ひ
かえめなのに、なぜか存在感があり
芯の強さを感じさせるバラ。

パーゴラの右側から上がって、淡いピンクの中輪の花をあふれるように咲かせる'ポールズ ヒマラヤン ムスク'、左側から上がる'コーネリア'は、ポールズの勢
いに押され気味。右側手前のピンクのバラは、華やかに香る'デュシェス ダングレーム'。白樺の木の株元のオレンジの葉はヒューケラ'キャラメル'。

お気に入りのバラを ベンチに飾って 私だけの特等席に

背後から枝を伸ばしてベンチにやさしい影を落とす樹々。
ベンチに腰をおろし、ふと気がつくと、話す相手は自分自身。
いつのまにか、自分で自分に問いかけています。「春咲きの
秋植え球根は、何にしよう？」とか。

1 'ピエール ドゥ ロンサール'を木に誘
引。うつむいて咲くバラは、目線より高
い位置に誘引すると美しい花の表情を楽
しめる。**2** ベンチの傍に咲くバラは'プ
チ レオニー'。どことなく'粉粧楼'の小
型版のような雰囲気があるバラ。

プチ レオニー

Petite Leonie

ポリアンサ／木立性・伸長0.6m／
四季咲き／花径4cm・カップ〜ロ
ゼット咲き・数輪〜大房で開花／
微香／トゲは普通

淡いピンクで中心の色がやや濃
く、花弁は薄く透明感がある。樹
勢と耐病性は中程度だが、枝が硬
く充実しやすいので、悪条件でも
生き残りやすい。

ジェーン オースチン
Jayne Austin

シュラブ／半つる性・直立・伸長
1.5m ／四季咲き／花径10cm・
カップ咲きからロゼット咲きへと
咲き進む／中香／トゲは普通

しなやかな枝は、花の重みで枝垂
れ、うつむきかげんに、やさしい雰
囲気をつくりだす。

1 みずみずしいバラの葉
がパーゴラに木陰をつく
り、'ジェーン オースチン'
の甘い香りが漂う。**2** 仲
のよい萩尾さんご夫妻。

アンティークのレンガと
繊細なアイアンでつくる
居心地のよいパーゴラとベンチ

「レンガは溶鉱炉を解体したときに出たアンティーク。アイアンは、
植物が伸び上がるのをイメージしてオーダーしました。植物に包ま
れるようにデザインしたパーゴラです」と言う萩尾さんご夫妻がめざ
す庭は、「居心地よく過ごせる庭」。トネリコやカツラなどの樹木と
32本のイングリッシュローズがバランスよく配置され、パーゴラやフェ
ンスには厳選した資材が使われています。「他の植物に寄り添うイン
グリッシュローズは、欲しいところに枝を伸ばすしなやかな樹形と併
せて、心地よく過ごすための私たちの庭に合っていると思います」

ロココ
Rokoko

クライミング／つる性・仲長3m
／返り咲き／花径11cm・波状弁
の花を数輪の房に咲かせる／微香
／トゲは普通

太くて剛直な枝は小さな構造物に
は誘引しにくく、広い壁面などに
向く。ステムは長く、大輪の花を
うつむき加減に咲かせる。

1 鈴木悦子さん。**2** 悦子さんがいちばん好きなバラ'グラハム トーマス'。

パーゴラの４本の足元に
'グラハム トーマス'を植えたつもりが

「木製パーゴラの４本の足元に、４本の'グラハム トーマス'を植えたつもりだったのに」と庭主の鈴木悦子さんは首を傾げます。「どうしたことか、１本は'ロココ'が咲きました」。たしかに、離れたところからパーゴラを眺めると、淡いピンクの'ロココ'の花が柱のうちの１本を上り、パーゴラの上で、'グラハム トーマス'の美しい黄色の花に混じってふわふわと咲いています。その光景がとても素敵なので、品種違いもわるくないのでは、という気がしてきます。

グラハム トーマス
Graham Thomas

シュラブ／半つる性・半直立・伸長1.5~3m／返り咲き／花径8cm・カップ咲きの花を数輪の房に咲かせる／強香／トゲは普通

イングリッシュローズを代表する名花。樹勢が強く、まっすぐに枝を伸ばし、つるバラとしてもシュラブとしても仕立てられる。

3 ぼんやりとした、淡い色の花が好きな悦子さんらしい庭の一画。白とブルーとピンクを基本の３色として、やさしい色の花々で埋め尽くされた「花の庭」。中央の木はシラカバ、ピンクの花穂はジギタリス、白い花はニコチアナ、手前のブルーの花はキャットミント。手前右の紫がかったピンクのバラは、'ブルームーン'、白い花穂はジギタリス'スノー シンバル'、青い小花はアンチューサ。

'ポールズ ヒマラヤン ムスク'のパーゴラ。右奥には、ここに家を建てるまえから植えられていた松が残っている。「バラの季節の天気のよい日は、ここで母や友人と庭を見ながらおしゃべりしたり、お茶をしたりしています」と庭主の寺田まり子さん。

おすすめは「生き残る」強さを秘めたランブラーローズ

「クシュクシュとした花びらが重なり合うようなバラが好きで、イングリッシュローズやオールドローズを植えました。でも大事に思う華やかで大輪のバラほど枯れてしまって。環境の悪いところでも生き残って、しなやかに枝を伸ばして、たくさんの花を咲かせてくれたのが'ポールズ ヒマラヤン ムスク'や'アルベリック バルビエ'などのランブラーローズでした。日陰のパーゴラなので、こぢんまりと咲いています」

ベンチとパーゴラをおおうバラは、左から淡いピンクの'羽衣'、濃いピンクの'アンジェラ'。中央は紫を帯びた'ブルー マジェンタ'、右側のクリアなピンクの小輪は'ラベンダー ドリーム'。手前の深紅色のバラはガリカの'トスカニー スパーブ'。「この白いパーゴラはガーデン雑誌で見たのをまねて、自分で廃材でつくりました。何でも自分でつくることが楽しくて！」

手づくりの廃材のベンチに
5種類のバラの美しさを集めて

森の中、新緑にひと際映えるピンク色の花園が、清水貴久子さんのRose Garden Angelaです。

「10年前に主人を亡くして、これからは自分のために生きようって思ったときに、『そうだ！バラ色の人生を送ろう！』と（笑）。バラに囲まれて暮らす夢を見て、埼玉の庭にあったアンジェラの親木と10本の挿し木を持って那須に来ました。植えたら全部育って、あっという間に大きくなって、まっピンクの庭に。だからアンジェラガーデンです。朝、目が覚めて、庭を散歩しながら、今日は草むしりをしようか？ 花がら摘みをしようか？ なんて考えている時間が幸せです。そして、庭仕事。『バラ色の人生』でしょう？ ひとつだけ残念なことは、主人にこの庭を見せられなかったこと。いっしょに『バラ色の人生』を過ごせなかったことです」

アンジェラ
Angela

クライミング／つる性・直立・伸長 3m ／四季咲き／花径 5cm・半八重のカップ咲きの花を房に咲かせる／微香／トゲは普通

樹勢が強く、株全体をおおうほど花つきがよい。枝は硬くて広いスペースへの誘引が向く。切り詰めて木立に仕立てることもできる。

ひときわ華やかに咲く'パレード'。

大輪の薔薇と葡萄と
木漏れ日のテラス

宮井恵美子さんの5月のテラスの主役は3つの大輪のバラです。濃いローズ色の花弁を幾重にも重ねたあでやかな'パレード'、茶色がかったシックな色味の'バタースコッチ'、そして華やかに香るアプリコット色のバラ、'アブラハム ダービー'。それぞれの個性がぶつかりあいそうな大輪の3つのバラを、しっとりと調和させているのが、パーゴラに茂るライムグリーンのブドウの葉。「日除けに植えたブドウが、こんなに大きくなるとは思わなくて。偶然の産物ね」と恵美子さん。

バタースコッチ
Butterscotch

クライミング／つる性・伸長3m／繰り返し咲き／花径10cm・八重咲き／微香／トゲは普通

整った半剣弁高芯咲きの花は咲き進むと平咲きに。うつむきかげんに咲く黄土色の花は、高い位置から咲かせるときれい。濃い緑の葉が花を際立たせる。

アブラハム ダービー
Abraham Darby

シュラブ／半つる性・半横張・伸長 1.5~2.5m／四季咲き／花径 12cm・カップ咲き／強香／大きなトゲ

誘引し、つるバラとして仕立てると、アプリコットとピンク、黄色が混ざり合った大輪の花が見応えのあるシーンをつくる。

バリエガータ ディ ボローニャ

Variegata di Bologna

ブルボン／半つる性・直立・伸長 2m ／一季
咲き／花径 7cm・カップ咲きの花を房に咲
かせる／強香／トゲは多い

淡いピンクの地に、濃い紫紅色のストライプ
の美しい花。トゲは多めだが、枝はしなやか
で誘引しやすい。

パーゴラから枝垂れるように誘引した'マニントン モーヴ ランブラー'。

「日差しに透けて咲く
バラの姿が美しいので」

パーゴラの中にこぼれ落ちる5月の光のかけら。光といっしょに降り
注ぐように枝垂れ咲くピンク色のバラの花々は、思わず見惚れる美し
さです。バラのパーゴラを仕立てる際に、鈴木明美さんが留意して
いることが3つあります。まず、開花時期が同じバラを選ぶこと。「早
咲きのバラが入っていると、他のバラが咲く頃に花ガラが残ってしま
います」。2つめは、枝垂れて咲くバラを選ぶこと。「上を向いて咲く
バラは、パーゴラの中から花が見えませんからね」。3つめはパーゴ
ラの内側に日差しが届くように、枝を密にならないように誘引するこ
と。「密にすると、花が少なくなったり、花色が悪くなったりします。
何より、日差しに透けて咲くバラの姿が美しいので」

パーゴラの下にはテーブルセット。'アルベリック バルビエ'の木陰はガーデンを見渡せるとっておきの場所。作業の間の休憩はここで。

1 冬の誘引は全部はずして、窓辺と壁とパーゴラに枝を配分。
2 誘引作業中の真知子さん。ゆっくり時間をかけて。

「ここ」と思う場所に ピタリと咲いてくれるバラ 'アルベリック バルビエ'

宮本真知子さんのお庭の主役は、名花'アルベリック バルビエ'。このバラを選んだきっかけは何でしょう？「まだバラをはじめたばかりの頃、故村田晴夫さんに庭のデザインを相談したことがあります。村田先生は庭を何度も何度も行ったり来たりされ、そして理由も言わずに『ここは、バルビエ』と言われました。バルビエは、景色をつくるのがじょうずなバラだと思うんです。枝が細くて誘引しやすいし、家の影になる日陰でも咲きますし、枝垂れたところにも花がついて、イメージしたとおりの景色をつくります。濃いグリーンの葉の中で欲しい所に欲しいぶんの花が咲きます。そのバランスが絶妙で、派手さはないのですが、何年たっても見飽きることのないバラです」

3 パーゴラは建物の壁と壁の間に４本のアイアンを渡してつくったオーダーメイド。八王子市内の鉄工所に発注。バラの邪魔をしないシンプルなデザインに。4 テラスから見上げると、光に透ける葉と清楚なオフホワイトの花。「花がこぼれて咲くように、パーゴラでは花のスペースを考えて広めに誘引します」

窓辺とパーゴラに'アルベリック バルビエ'を誘引
急がずに、ゆっくりと

「バルビエは細くしなやかなシュートを毎年伸ばします。冬の誘引はすべてをはずして、壁と窓辺とパーゴラに枝を配分します。長い枝を蛇行させて壁面を埋め、窓辺は窓一周と窓の上の壁にワイヤーを張り、それに沿って誘引します。窓辺の上部は２本のワイヤーを使って、枝を多めに配置して華やかに。窓辺のサイドと下はすっきりと。パーゴラへの誘引は、枝をのせてパーゴラの上を一往復させたり、パーゴラから枝垂れさせたりして、あまった枝は切り落とします。一週間くらいかけてゆっくり誘引しています」

アイアンの質感が
「エレガンス」を庭に添える

手すり・トレリス・アーチ・フェンス・オベリスク etc.。バラを美しく引き立ててくれるオーダーメイドのアイアンの構造物は、庭づくりの最高の贅沢！

エレガントなアイアンの手すりが
新緑とバラのピンク色を引き立てて

「わが家のエントランスの階段は、斜め45度の角度がついて、夜、暗くなると足元が見えにくく、踏み外す人が続出！ そこで、株立の樹形がきれいなウラジロアズキナシの雰囲気に合わせて、オーダーメイドで、細めのアイアンの手すりをお願いしました。結果は大成功。前庭に咲くバラのピンク色を引き立てて、エントランスに優雅さを添えてくれました」
（東京都八王子市／明田川奈穂美さんの庭）

繊細な唐草模様のレリーフを二重に重ねたエレガントなアイアンの手すり。バラは、'グラニー'。

２メートル×２メートルのトレリス
壁面にバラを誘引する準備完了！

「奥行き50センチ、幅10メールの八月社の小さな庭（細長い植栽スペース）に、２メートル×２メートルのトレリスをオーダー。シンプルを基本に、少しかわいらしさをプラスしたデザインを希望しました。設置すると、まだバラの姿が見えないのに壁面がぐっと引き締まりました。このトレリスにどんなバラをどう誘引するか、思い描くところから、もう楽しみがはじまっています」
（東京都渋谷区／八月社の庭）

構造物を設置する場所のサイズを正確に測り、設置場所の条件や希望と合わせて、相談時に伝えると、ベルツモアジャパンの担当者さんが親切に対応してくれます。オーダーメイドの製品は、注文確定後、納期までに目安として１〜３カ月ほど必要、制作物によってはもっと時間がかかる場合もあるので、ゆとりをもってオーダーを。

問い合わせ：ベルツモアジャパン
http://bellsmore.jp /
担当：廣町 美那（ひろまち みな）
e-mail：m.hiromachi@bellsmore.jp
TEL.0284-70-5371

壁面にバラの景色を描く

バラの誘引は、思いを描くこと。花芽の位置を確かめながら、ここに、こんなふうに、こう咲いてと、思いを込めて枝を留めてゆきます。楽しい真冬の庭仕事です。

ピンクのバラは‘ピエール ドゥ ロンサール’。足元には青いヤグルマギクと赤紫のジギタリス。
（愛知県豊橋市／黒田和重さんの庭）

花壇の奥行きは30cm
燦然と輝くバラと草花の壁庭

松下邸にはお隣との境の壁に沿って、奥行き30cmのボーダー花壇があります。アプリコット色の花のグラデーションがきれいなバラ、'ギスレーヌ ドゥ フェリゴンド'と小さな星のような花をふりまくテイカカズラ、その足元を埋めるようにやさしい色合いの小花が咲き、まるで大きな絵画のようです。「初めから、この壁には大好きな'ギスレーヌ ドゥ フェリゴンド'を植えようと決めていました。ギスレーヌや他の植物のグリーンに合うように、壁をベージュに塗りました。植物に詳しくないので、かわいいなと思う花をいろいろと植えたなかで、ここを気に入ってくれた植物だけが残りました。ヤマアジサイなどの低木やナルコユリ、ミツバシモツケ、クロバナフウロ、ギボウシなどの多年草がベースになっています。バラと植物を組み合わせるときは、バラよりも華やかな花やバラの邪魔をするものは入れません。華やか過ぎるシャクナゲとバラの上に白い花ガラを落とすエゴノキは悩んだ末に抜きました」

ギスレーヌ ドゥ フェリゴンド
Ghislaine de Féligonde

ハイブリッド ムルティフローラ／半つる性・伸長 2~3m ／一季咲き／花径 4cm・八重咲きの花を数輪の房に咲かせる／微香／トゲは少なめ

株元から数本のシュートをすっきりと伸ばすきれいな樹形をもち、小さめの葉と花のバランスもよく、景色をつくるバラ。枝はしなやかで誘引しやすい。

バラと樹木と草花でつくる
美しい「ボタニカル・ファサード」

建物の正面が広い杉材の壁でおおわれた小倉邸のファサードは、近づいて見ると、その斬新なデザインのなかに、さまざまな植物が緻密に組み込まれていることがわかります。左側の小さな植栽スペースには、2本のバラとアメリカフジが植えられ、杉材の壁まで枝を伸ばして白い花と藤色の花を咲かせています。右側の階段の左手には、メインツリーのタイワンニンジンボクが育ち、夏に薄紫の花を咲かせます。階段の左右ではムスクマロウ、カンパニュラなどのやさしい色合いの草花が風に揺れ、階段を上がりきったところでは、開口部を囲むように誘引されたピンクやアプリコット、濃いローズ色などのバラの花々が迎えてくれます。その奥に見えるアイアンのゲートに咲くバラは'マダム ピエール オジェ'。まさに植物でつくる美しい「ボタニカル・ファサード」です。

うつむいてカップに咲くバラは'スピリット オブ フリーダム'、ほんのりピンクの中輪のバラは'マダム アルフレッド キャリエール'。それらをひとつに取りまとめるかのように赤紫のバラ'ペレニアル ブルー'が咲く。

左側の小さな植栽スペースから枝を伸ばす中輪の白いバラは'つる アイスバーグ'、小輪房咲きの白いバラは'スノー グース'、紫のコンパクトな房のアメリカフジ'アメジスト フォール'がファサードの壁を彩る。「『この組み合わせは変えないで』と友だちからも言われています」

スピリット オブ フリーダム
Spirit of Freedom

シュラブ／半つる性・半直立・伸長 1.5~3m ／返り咲き／花径 10cm・カップ咲きからロゼット咲きへと咲き進む花を数輪の房に咲かせる／強香／トゲは多め

直立に伸びた枝がしなやかに弧を描いて下垂し、うつむきかげんに花を咲かせる。

階段を上がりきったところで迎えてくれるエレガントなアイアンのゲート。その奥には雑木の中庭があり、通路ガーデン、雑木のテラスへと続く。

ワイン色のバラは'ヴィオレット'。手前のピンクのバラは'トリコロール ドゥ フランドル'。

メッシュフェンスで
望みの場所にバラの壁面をつくる

「ここにバラで景色をつくりたい、と思ったときに便利なメッシュフェンス（＊）。どこにでも壁面をつくれます。'ヴィオレット'を誘引したメッシュフェンスの背景は農家の作業小屋。軽トラックや資材などを収納している物置です。右ページの、'スノー グース'の背景は薪小屋の板壁。メッシュフェンスが錆びてきても、杉材の板壁との相性はわるくなく、白い'スノー グース'の花を引き立ててくれます。庭の景色として、似合わない構造物があれば、メッシュフェンスのバラで隠してしまう、という手があります」

トリコロール ドゥ フランドル
Tricolore de Flandre

ガリカ／半つる性・伸長2.5m ／一季咲き／花径4cm・八重咲きの花を数輪の房に咲かせる／中香／トゲは少ない

ラベンダーピンクに赤紫の濃淡の絞りが入った小輪のコロコロとした花が咲く。グリーンアイがかわいらしい。

（＊）メッシュフェンス／コンクリートの下地に入れるワイヤーのパネル。ホームセンターで購入できる。格子の間隔がちょうどよく、誘引しやすい。バラの枝が抜けなくなったときなどは、専用のカッターでパチンと切れるのもよい点。

スノー グース
Snow Goose

シュラブ／つる性・伸長1.5~2m ／四季
咲き／花径4cm・ポンポン咲き／中香／
トゲは少ない

トゲの少ないしなやかな枝をもち、伸長
力もほどよく、大きく伸びすぎることも
ないので、扱いやすい。かわいらしい白
い花は、他の植物ともよくなじむ。

ドゥイユ ドゥ ポール フォンテーヌ
Deuil de Paul Fontaine

モス／木立性・伸長1.5~2m ／返り咲き
／花径8cm・ロゼット咲き／中香／トゲ
は多い

ぱっと目を引く濃い深紅色の花色と、オー
ルドローズにはめずらしい「返り咲き」が
このバラの魅力。蕾や花茎にモス（苔）状の
突起がびっしりと密集する。

左端のブルーグレーの葉はユーカリ。その下に白いノイバラと 'ブランピエールドゥロンサール'。その
右の黒赤のバラはモスローズの 'ドゥイユ ドゥ ポール フォンテーヌ'。右端の白いバラは 'スノー グース'。

ブラン ピエール ドゥ ロンサール
Blanc Pierre de Ronsard

クライミング／つる性・伸長3m ／返り
咲き／花径12cm・カップ咲き／微香／
トゲは少ない

中心を淡いアプリコットピンクに染めた
大輪の花は、存在感たっぷり！ ノイバラ
のような小輪の花と組み合わせると、お
互いを引き立て合う。

ユーカリの木のそばに、自然
に出てきたノイバラ。中心に
淡いアプリコットピンクをひ
そませた優美なバラは 'ブラン
ピエール ドゥ ロンサール'。

「明るいライムグリーンの葉は、エルダーフラワー、西洋ニワトコです。この花に砂糖を加えて煮出してつくるコーディアルは、風邪に効くそうです。この木はどんどん大きくなるので、高枝切りバサミで枝を切ってコンパクトに抑えています。ブルーグレーで塗った板壁の小屋（ガーデンシェッド）の白い窓はフェイク。小屋のすぐ隣に甥っ子のドイツパン屋があるので、湖南バラが咲く季節には、お客様や通りがかる方々にも楽しんでいただいています」

花束みたいなグラデーション
元気で可憐な湖南バラ(*)

(*) 湖南バラ／中国湖南省で発見された野生種のバラという説もあるが確かではない。

中野可奈子さんの「花の庭」のガーデンシェッドの水色の板壁に、ピンクのグラデーションを描くポンポン咲きのバラ。コロコロと可憐なバラがつくりだす光景は、見ているだけで人を楽しい気持ちにさせてくれる明るいパワーを秘めているようです。さらにこのバラは、5月のフラワーアレンジメントにも大活躍。

「花をたくさんつけるので、おしげもなくバチバチ切って、室内に飾って楽しんでいます。株の上のほうの花がらは箒で叩いて落としたり、少し荒っぽく扱っても、次々にかわいい花を咲かせてくれます（笑）」

青みがかったピンクのバラ「湖南」に、ゲラニウムとシノグロッサムを合わせてシェッドの窓辺を飾る。窓の外には花盛りの5月の庭が広がる。

中央の紫を含んだピンクのバラは'ラベンダー ブーケ'。白い小輪房咲きのバラは'アビゲイル アダムス ローズ'。クレマチスはインテグリフォリア系の'ブルー スプライト'。

余白を残して誘引すると
バラの枝も葉もこんなにきれい！

「小さな庭では、どうしても近距離から見ることになるので、バラも草花も花が小さめのものを選んでいます」と言う瀧島美由紀さんが隣家との間にあるフェンスに誘引したバラは'ラベンダー ブーケ'。長めのステムを生かして、高い位置から降り注ぐように仕立て、さらにこれもステムの長い藤色のクレマチスを合わせて、優美なパープルのシーンができました。「一年中何か咲いている庭が理想なので、やることは尽きません」

ラベンダー ブーケ
Lavender Bouquet

ハイブリッド ムスク／つる性・伸長2m／返り咲き／花径8cm・カップ咲きの花を房に咲かせる／微香／トゲは少ない

ヤジマローズのバラ。交配は「ブルーバユー ×コーネリア」と公表されている。長いステムを生かした誘引が似合う。

アビゲイル アダムス ローズ
Abigail Adams Rose

ハイブリッド ムルティフローラ／半つる性・横張・伸長1.5m／四季咲き／花径3cm・半八重房咲き／中香／鋭いトゲ

鋭いトゲがあるが、枝は細くしなやか。ミニチュアローズの'スイート チャリオット'を親にもつこのバラは、葉も花も「ミニ」なかわいらしさ。

河合伸志さん作出のバラ'まほろば'。霜が降りるまで咲き続ける。バラを引き立てるのは黄緑の葉と美しい紫の花のセリンセ マヨール、シルバーの葉をもち、スッと伸びてバラと混じり合い、白い花を咲かせるアグロステンマ。

グレーの壁に美しく映える
'まほろば'の花の色

震災を機に、家と庭をつくりかえることに決めた菊池恵美子さん。訪れた『横浜イングリッシュガーデン』の茶系のバラとグラス類を組み合わせたコーナーの前で足が止まったそうです。落ち着いた花色のバラと同系色の葉や花の色合わせに惹かれ、植栽を手掛けた河合伸志さんにデザインと植栽を依頼。リニューアルが完了した庭は、早くも3年目のバラの季節には、四季を通してバラと草花を楽しめる庭に育ちました。茶と紫を潜ませたピンクのバラ'まほろば'をはじめ、ニュアンスカラーのバラと、それらのバラを引き立てるリーフプランツや草花との絶妙な組み合わせは見飽きることがありません。植物の生長とともに、庭はいっそうその魅力を増していくことでしょう。

まほろば
Mahoroba

シュラブ／半つる性・伸長1.5m／繰り返し咲き／花径8cm・カップ咲き／強香／トゲは普通

ラベンダー色に淡い茶色を混ぜた大人ピンクの花色。花枝は短く、つるバラとして誘引すると全体にバランスよく花を咲かせる。シュートは太めでやや硬い。

半日陰の小さなスペースを
丁寧に生かしてつくる
階段の壁庭

傾斜地に建つ家屋の脇の細い通路を、DIYでバラと宿根草の「階段庭」に変身させた千葉県流山市の橋本景子さんには、たくさんのファンの方々がついています。景子さんが「階段庭」からSNSで発信する日々のガーデンのあれこれをチェックしていると、「だんだん自分の庭みたいな気持ちになってくる」のだそうです。そんなふうに、「庭」を共有させてくれる景子さんの発信力と飾らないお人柄が素敵です。

バラは、階段左手前から、'ブルー マジェンタ' 'ヒッポリテ'。アーチの左からはイエローの'バフ ビューティー'、右からは'アブラハム ダービー'。アーチの奥、階段の上に見えるピンクのバラは'ルイーズ オディエ'。「階段庭」では、バラは場所をとらないようにできるだけ壁面に引き寄せて誘引。小さなスペースでは、大輪のバラは主張しすぎるので、中輪以下のバラを選んで。

ブルー マジェンタ
Blue Magenta

ハイブリッド マルティフローラ／つる性・伸長 3m ／一季咲き／花径 3.5cm・ポンポン咲きの花を房に咲かせる／微香／トゲは少なめ

濃い赤紫色の房が、開花後、濃い紫色に変化する。明るい葉色の照り葉も魅力。

ヒッポリテ
Hippolyte

ガリカ／半つる性・伸長 2m ／一季咲き／花径 6.5cm・咲きはじめのポンポン咲きから咲き進むと平咲きに変化／中香／トゲは少なめ

枝はしなやかでトゲが少なく扱いやすい。強健な樹勢と、たおやかな花が魅力的。

橋本景子さんの
半日陰の庭を生かす
3つのヒント

日陰で美しさを
発揮する植物を選ぶ

「バラの足元には、日陰で美しさを発揮する植物を選びます。シダやギボウシ、ヒューケラなどを中心に、イカリソウやケマンソウなどの山野草系の花を植え込み、葉の形や色の組み合わせでしっとりとした美しさを楽しみます。ヤマアジサイもバラの時期とぴったりに咲いてくれる、日陰に強い頼りになる植物です」

オーレアの威力

「日陰の庭で活躍するのはラテン語で『黄金の』を意味するオーレアの葉の植物いろいろ。まるで太陽がそこに差しているかのように輝く葉色は薄暗い日陰にはなくてはならない存在です。黄色っぽい葉は葉緑素が少ないので葉焼けをおこしやすく、それゆえ日陰は大の得意。銅葉などとの相性も抜群で、オーレアの植物を見るとついつい手にしてしまいます」

白い花の植物

「白い花を咲かせる植物も日陰にはなくてはならない植物です。シセンウツギは、輝くような白さの星型の小さい花を密に咲かせるので、いやでも目に飛び込むハンパない存在感。花期が長いことも愛される理由のひとつです。流れるように花をつけるコバノズイナもおすすめです」

ゆっくりと季節をつなぐ
バラと草花の庭

「私の庭では、4月中旬に咲きはじめる白のモッコ
ウバラから、5月中旬に咲く'クレパスキュール''ロ
ココ''ノイバラ''コーネリア'。そして 5月下旬に
咲くランブラーローズの'ボビー ジェイムス'まで、
長くバラの季節を楽しみます」と小関葉子さん。
草花がやさしく風に揺れる「東の庭」で、バラと草
花の庭づくりの秘訣をお訊きしました。

バラと草花の庭づくりの秘訣

花期を合わせる

まず、バラの開花と草花の花期が合うことが大切です。
バラも草花も、いっせいに咲いていなくては、わぁー!
という光景にはなりません(笑)。草花はその年の気
候によって、咲くタイミングがバラよりも大きくずれや
すいので、花期を見極めるのは意外に難しいのです。
バラの花のピークといっしょに草花もひとつのピーク
を迎えるようにと考えながら、あとは「咲いた時のお
楽しみ」ですね。

バラと草花の花色と花の大きさを変える

バラ'クレパスキュール'は黄色系の花色なので、邪
魔しないようにこのエリアには黄色の花の咲く草花
は入れていません。花のサイズも、草花はメインの
バラの花よりも小さなものにしています。バラと草
花が混ざり合ってしまわないよう、お互いに引き立
て合うようにと考えています。

草花の高さを考える

壁面に咲くバラと庭の草花がコラボできるように、
奥に丈の高い草花を植えてバラの花に近づけます。
すると'クレパスキュール'の黄色系の花とラークス
パーの紫の花が引き立て合い、'ロココ'の淡いピン
クの花とヤグルマギクの青い花がシーンをつくる。
バラの花といっしょに草花がやさしく咲く。そんな
風景を思い描いて草花を植えています。

ガレージの壁面に咲くバラは、左から'クレパスキュール'、
中央の淡いピンクの'ロココ'、その右上には開き始めたノイ
バラ。草花は左手前にブルーのビスカリア、その奥の白い
小花はカスミソウ、その右の紫の花穂はラークスパー。足
元に濃いピンクのアケボノフウロ、淡いピンクのフロック
ス ピロサが広がる。'ロココ'の近くには青いヤグルマギク、
紫のカンパニュラ、細い茎の先に純白の花を咲かせている
アグロステンマ'オーシャン パール'など。

遅咲きのバラを加えて
バラの季節を長く楽しむ

「同系色で、花の大きさの違う淡いピンクのバラを主役にしました。赤紫の'カー
ディナル ヒューム'を加えて足元を引き締めることで、ピンクのかわいらしさ
が引き立ちました」と柳川芳子さん。そこに花期の遅い'スーパー エクセルサ'
を加えて、バラの季節を長く楽しみます。さらに四季咲きの'ピンク アイスバー
グ'は何度も壁を彩ってくれるので、いっそう長く楽しみが続きます。

柳川芳子さんの庭の
シェッドの壁面。バラは
左上から'ポールズ ヒマ
ラヤン ムスク'。その下
には、たくさんの蕾が
スタンバイしている'スー
パー エクセルサ'。中央
は'ピンク アイスバー
グ'。右下に'カーディナ
ル ヒューム'。

スーパー エクセルサ
Super Ecelsa

クライミング／つる性・横張・伸長 3~5m
／繰り返し咲き／花径 3cm・ポンポン咲
きの花を房に咲かせる／微香／トゲは普通

枝はしなやかで誘引しやすく、濃いローズ
ピンクの小輪の花房を枝垂れるように咲
かせる。開花の時期は関東では少し遅い。

ピンク アイスバーグ
Pink Iceberg

フロリバンダ／木立性・横張・伸長 1.5m
／四季咲き／花径 8cm・半八重・房咲き
／微香／トゲは少ない

トゲが少ない細めの枝は扱いやすい。中
輪の花をたくさん房に咲かせる。'アイ
スバーグ'の枝変わり。

カーディナル ヒューム
Cardinal Hume

シュラブ／半つる性・伸長 2.5m ／繰り
返し咲き／花径 5cm・半八重・房咲き／
中香／トゲは少ない

枝はしなやかで誘引しやすい。赤紫の花
に黄色のシベが映える。紫色に褪色して
いく過程も美しい。

白いつるバラが壁に描く
モノトーンの光景

那須高原の森の中、ふんだんな緑に包まれた小林さんご夫妻の家。森の木々や隣接する牧草地の草の色にしっとりとなじむ土の色に塗られた壁を、2種類の白いつるバラが飾っています。'つるアイスバーグ'と'ランブリング レクター'。2つのバラが枝を伸ばし、それぞれの中輪の白い花と小輪の白い花を混じりあわせて咲く光景には、どこか静謐な美しさを感じます。それはモノトーンで描かれたような、とても静かな美しさです。

1 壁面に誘引された'つるアイスバーグ'の白い花が、玄関の扉上部に枝垂れて咲いている。2 小輪の白い花、'ランブリング レクター'は、枝が硬いので誘引しやすくはないが、そのぶん風情のある枝振りを見せてくれる。3 リビングルームから見える誘うような6月の庭。4 家の設計は小林さんの友人が担当。「室内の壁を塗ったり、開墾して出た石を玄関まわりに敷き詰めるなど、自分たちでできることは自分たちでやりました」。5 家の裏手に広がる牧草地は冬もグリーン。6 小林さんご夫妻。

つる アイスバーグ

Iceberg Cl.
クライミング／つる性・伸長3~5m／繰り返し咲き／花径8cm・半八重咲き／微香／トゲは少なめ

名花アイスバーグの枝変わり。トゲの少ないしなやかな枝、艶やかな照り葉などを受けつぎつつ、つる性を備え、壁面やアーチに魅力的なシーンをつくりだす。株が育つまでは、ほぼ一季咲きだが、株が充実するにつれて、返り咲き性を強めていく。

ランブリング レクター

Rambling Rector
ハイブリッド ムルティフローラ／つる性・横張・伸長5m／一季咲き／花径4cm・半八重咲きの花を大きな房に咲かせる／中香／鋭いトゲ

枝は太めで硬いので、細かな誘引には不向き。広いスペースに大きく誘引するとすばらしい景観をつくる。半八重の白い小輪の花と黄色のシベの対比が美しい。

銅葉の植物がつくる「陰影」が
バラのフォルムを際立たせる

『スタジオ・クレド』代表、河合朋代さんの庭づくりは、葉の色や形で植物を組み合わせてデザインするところからはじまります。事務所の壁沿いのレイズドベッドには、淡い黄褐色のバラ'バフ ビューティー'と赤紫の'ヴィオレット'。繊細な銅葉のセイヨウニワトコ'ブラック レース'がバラに埋もれるように誘引され、ふたつのバラのフォルムを際立たせる「陰影」のような不思議な効果を添えています。「植物を組み合わせてみて思いがけないシーンが生まれると、うれしくなります」と言う朋代さんの抜群のセンスによって新鮮な庭の景色が次々につくりだされてゆきます。

「オープンガーデン豊橋」に参加したのをきっかけに、庭づくりの依頼を頻繁に受けるようになった河合朋代さんはガーデンのデザイン、施工、管理をする『スタジオ・クレド』を立ち上げました。庭好きな4人の「ママ友」たちの会社です。自宅の庭はモデルガーデンでもあり、「こんなお庭にしてください」というお客様からの要望も多いとか。「庭を通じて、たくさんの方々と出会えて、仲間ができて、庭づくりが仕事になりました。好きなことで、人の役に立てることをとてもうれしく思っています」

ストレスにならない庭をつくろう

駐車場に面した東向きのレイズドベッドは、奥行30cm、幅7.5m。ダークカラーの縁で囲んだ窓と窓辺のプランターボックスが、淡い色の壁面を引き締めている。プランターボックスは季節の花を加えて華やかに。窓の下の大きな剣葉は、ニューサイラン。庭がストレスにならない程度の手入れですむように、手のかからないリーフプランツや宿根草をベースに構成。「狭いからといって、めいっぱい植物を植えてしまうと、いっそう狭さを感じます。空間をつくることで植物が映え、心地よい庭になるような気がします」

黄色いバラは'バフ ビューティー'。紫の小輪のバラは'ヴィオレット'。バラに埋もれるように誘引されている繊細な銅葉はセイヨウニワトコ'ブラック レース'。足元は左から、クリスマスローズ、斑入りヨモギ、ヘメロカリス。

ヴィオレット

Violette

ハイブリッド ムルティフローラ／つる性・横張・伸長3~5m ／一季咲き／花径3.5cm・八重咲きの小輪の花を房に咲かせる／微香／トゲは少なめ

八重平咲きの花は、赤紫の花弁と黄色のシベの対比がきれい。旺盛に育つので、壁面などの広めの場所への誘引も向く。日陰では深い花色でいっそうきれいに咲く。

晩秋のグリーンローズガーデンで。何種類ものバラの実が編まれた贅沢なリース。ルドベキア'タカオ'のまるい花芯を加えて。青みがかったシルバーの葉はコニファー 'ブルー アイス'。シマヒイラギ、クリスマスローズの葉も。

バラの実を編んだリースは
庭のつくり手が1年間
丹精を込めた庭からの贈り物

埼玉県毛呂山町／斉藤よし江さんの庭

12月になって、庭のバラの実が色づくと、グリーンローズガーデンでは、いよいよ何種類ものバラの実を編んだリースづくりがはじまります。きれいに色づいたバラの実は、そのバラの木が健やかに生育し、花を咲かせ、病害虫や風雨にも負けずに、みごとに実を熟させたことを示す、文字通り、庭仕事の成果です。仕上がったリースの美しさは、お庭のつくり手がその庭に注いだ愛情の証なのだと思います。

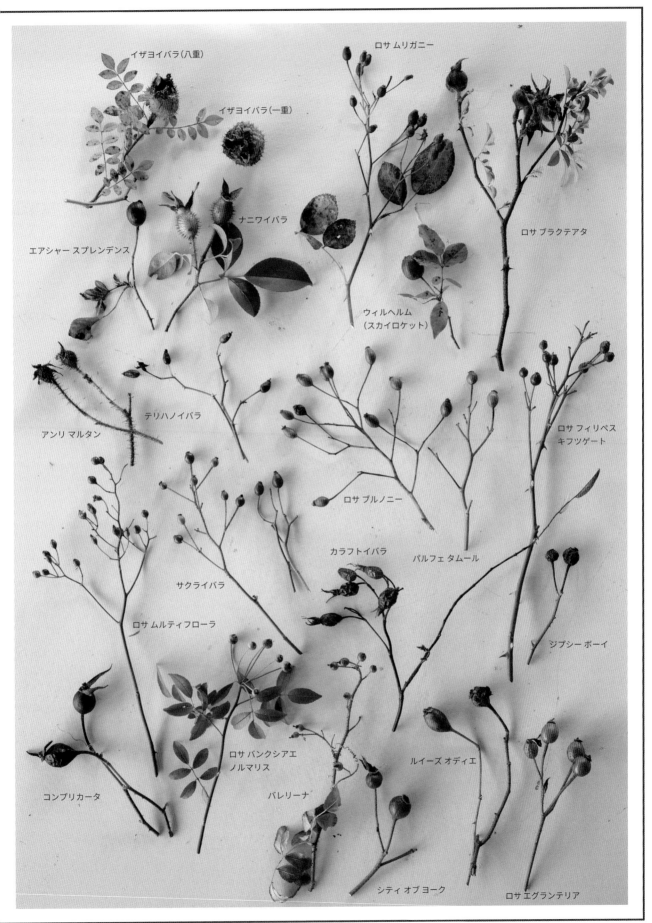

イザヨイバラ（八重）

イザヨイバラ（一重）

ロサ ムリガニー

ナニワイバラ

ロサ ブラクテアタ

エアシャー スプレンデンス

ウィルヘルム
（スカイロケット）

アンリ マルタン

テリハノイバラ

ロサ フィリペス
キフツゲート

ロサ ブルノニー

カラフトイバラ

パルフェ タムール

サクライバラ

ロサ ムルティフローラ

ジプシー ボーイ

ロサ バンクシアエ
ノルマリス

ルイーズ オディエ

コンプリカータ

バレリーナ

シティ オブ ヨーク

ロサ エグランテリア

バラと暮らす幸せ

2023年4月10日　第1刷発行

著者　八月社
　　　福岡将之(写真)

編集　八月社
写真・ブックデザイン　福岡将之
編集協力　明田川奈穂美
　　　　　橋本景子

発行人　安藤　明
発行　有限会社八月社
　　　〒151-0061　東京都 渋谷区初台 1-17-13
　　　TEL 03-6300-9120(編集)

発売　株式会社主婦の友社
　　　〒141-0021　東京都品川区上大崎　3-1-1
　　　目黒セントラルスクエア
　　　TEL 03-5280-7551(販売)

印刷所　株式会社シナノパブリッシングプレス

© HACHIGATSUSHA 2023 printed in Japan
ISBN 978-4-07-345070-2

■ 本書の内容についてのお問い合わせは、
有限会社八月社(Tel.03-6300-9120または
email ando@hachigatsusha.net) へお願い致します。

■ 乱丁本、落丁本、はお取り替え致します。お買い求めの書店か、
主婦の友社販売部(電話03-5280-7551)へご連絡ください。

■ 八月社が発行する書籍・ムックのご注文は、お近くの書店か
主婦の友社コールセンター(電話0120-916-892)まで。
＊お問い合わせ受付時間　月〜金(祝日を除く)　9:30〜17:30

■ 八月社のホームページ　http://hachigatsusha.net

撮影・取材協力 (敬称略・50音順)

青木恭子	清水貴久子
阿部優生子	清水奈津子
有島 薫	白井聡子
有本昌子	杉山 洋・真奈美
井坂美代子	鈴木明美
井上清子	鈴木悦子
居場英則	鈴木真紀
鵜飼寿子	瀧島美由紀
大澤靖雄・成子	田口裕之
大須賀由美子	谷口文子
岡本康志	千葉礼子
小川 香	寺田まり子
小倉洋子	中野可奈子
小野季世	中村加奈子
Garden+園芸店 サマースノー	中村恵美佳
片寄敬子	中村邦男・八栄子
加藤靖子	中之条ガーデンズ
cafe OZIMOC	野間の森　MIGIWA
亀井尚美	萩尾吉彦・智子
河合伸志	橋場初音
河合朋代	廣町美那
菊池恵美子	藤田悦子
木村卓功	藤田艶子
熊井智恵子	穂坂八重子
栗林早百合	前田祥子
黒坂祐子	松下順子
黒田和重	御巫由紀
京北・香りの里 六ヶ畔 花簾庭	宮井恵美子
子馬あゆみ	宮本里美
小関葉子	宮本真知子
小林伸行・舞	村井有子
コピスガーデン	柳川芳子
齋藤京子	山田千鶴子
斉藤よし江	横浜イングリッシュガーデン
佐倉草ぶえの丘バラ園	吉本優・啓子
佐藤一彦	流郷由紀子
芝田 誠・美智子	ローザンベリー多和田